DYLAR ediciones

Ilustración
Antonio Perera

Coordina la colección
Equipo Dylar

Diseño
Alfonso Méndez Publicidad

Maquetación
copion

Fotomecánica
copion

Impresión
Brosmac, S.L.
Depósito Legal: M-35077-2008

ISBN: 978-84-96485-33-4

Tel.: 902 44 44 13
e-mail: dylar@dylar.es
www.dylar.es

FERNANDO ALMENA

El Maestro Ciruela

Fernando Almena

¿Conoces al autor?

Cordobés de nacimiento.

Sus orígenes como escritor los encontramos en el teatro. Género en el que ha obtenido numerosos premios. Más tarde, se adentra en la Literatura Infantil y Juvenil y publica un gran número de libros, que se reparten entre teatro y novela, aunque también ha publicado poesía y cuento.

En novela para niños ha sido galardonado con el premio El Barco de Vapor, y en teatro infantil con el premio AETIJ y el Premio Teatro Guerra. Incluido en la lista de honor del Banco del Libro de Venezuela y por tres veces en la de la CCEI.

Variado no sólo en los géneros que escribe, sino también en las temáticas: de carácter histórico, ciencia ficción, leyendas fantasía, humor...

Rellena tu ficha

El autor de "El maestro Ciruela" se llama ....Fernando Almena.... y nació en ....Córdoba....

Lo primero que escribió pertenecía al género del ....teatro....

Obtuvo el premio ....El Barco de Vapor.... en novela infantil y el premio ....AETIJ.... y el ....teatro guerra.... en teatro infantil.

Escribe sobre temas variados como ....históricos, ciencia ficción, leyendas, fantasía, humor....

I

Principio de septiembre

El verano preparaba su equipaje dispuesto a emprender un largo viaje –o corto, según se mire– por el tiempo para nacer de nuevo, en un ciclo sin fin, al cabo de nueve meses. ¡No iba a ser menos que cualquier bebé!

La gente del barrio, por el contrario, deshacía su equipaje después de unas siempre breves vacaciones.

—Es que tendría que haber un mes de trabajo y once de vacaciones —sentenciaba don Simeón en plan de filósofo.

Don Simeón era dueño de un hotel en la costa, y en época de vacaciones se ponía las botas. Vamos, que se forraba de dinero.

Pero dejemos en paz a don Simeón, que nada se le ha perdido en esta historia.

El colegio se preparaba también para el inicio del nuevo curso. La señora Tomasa era la encargada de organizar el zafarrancho de limpieza, de ventilar las aulas, de quitar el polvo y los chicles pegados a los pupitres y de arrancar las veinte telarañas de todos los veranos.

—Esta vez han sido veinticuatro.

—Habrá que controlarlas el año próximo —contestó con guasa el director, que era un maniático de los controles.

—Nada de eso, habrá que tomar medidas —respondió con gesto malhumorado la señora Tomasa.

—Tampoco vamos a discutir por una telaraña más o menos.

—Claro que sí. En un colegio han de dar ejemplo de disciplina hasta los arácnidos —insistió la encargada de la limpieza, que de Zoología sabía cantidad.

El director era joven, como el resto del profesorado de aquel centro. A pesar de su juventud, ya se había ganado, sin mayores méritos ni oposiciones, una hermosa barriga y una espectacular calva, que era todo un monumento al melón amarillo. Claro que la falta de pelo en el tejado la compensaba con una enmarañada, negra y larguísima barba. Vestía siempre, como si fuera su uniforme de trabajo, unos vaqueros descoloridos y una camisa de cuadros chillones.

Los profesores se habían incorporado a sus puestos con el fin de disponer todo para el comienzo de las clases. Habían llegado todos salvo uno, del que no se tenía la menor noticia. Precisamente el único nuevo, que accedía al colegio de la capital tras muchos años ejerciendo por pueblos, según constaba en su expediente.

Don Onofre, el director, que se encontraba enfurecido porque consideraba una falta de responsabilidad y de disciplina el retraso injustificado del nuevo maestro, paseaba nervioso delante del profesorado como un capitán de barco frente a una tripulación rebelde.

—Esto no se puede tolerar. El que sea un señor mayor no le autoriza a incorporarse cuando le dé la gana. Vosotros sabéis que me gusta reuniros antes del comienzo del curso para planificar el desarrollo del mismo. Os hablaré a pesar de su ausencia. Pero cuando venga, me va a oír. Vaya si me oirá. En fin, ante todo, quiero comentaros que este año... bla, bla, bla.

Les metió tal rollo, que casi se les va la olla. Incluso uno de los profesores se quedó dormido en un rincón. Don Onofre le preguntó:

—¿Te has enterado, Manolo?

—¡Cómo no me voy a enterar, si llevo cinco años oyéndote el mismo discurso!

Llegó, al fin, el día de la inauguración del curso escolar y el nuevo profesor seguía sin aparecer.

Don Onofre se vistió el traje oscuro de las bodas, que solo se ponía en las grandes solemnidades, y se adornó con una pajarita roja, que se ataba a la barba ya que en el cuello, debajo de tanto pelo, no había manera de verla, y se ocupó en dar la bienvenida a los alumnos y en saludar a los padres. Sonreía a todos, pero se le notaba cierta preocupación o que algo lo atormentaba. Y es que no conseguía olvidarse de la tardanza del nuevo profesor. «Se la va a cargar. Vaya si se la carga», se repetía.

Los padres, poco a poco, fueron abandonando el colegio. Don Onofre decía adiós con la mano a los más rezagados, cuando reparó en un tipo curioso y sorprendente que se acercaba con pasos de pingüino y con los pies muy abiertos, como si quisieran marchar hacia lados opuestos. Destacaban sus pantalones blancos, extremadamente cortos, que no le cubrían siquiera los tobillos y que dejaban al descubierto unos calcetines desparejados, cada uno de distinto color. No asombraban menos su chaqueta roja, su minúscula corbata, los zapatos rojos y puntiagudos, el bombín o el paraguas de colorines. Pero lo más chocante era la jaula con el loro que llevaba colgada del mango del paraguas, abierto a saber por qué. Era el tipo más estrafalario que imaginarse pueda.

El director, nada más fijarse en él, pensó: «Un vendedor de chucherías o un farandulero. No ha empezado el curso y ya viene dispuesto a dar la paliza». Y antes de que llegara, escapó hacia el interior como si lo persiguiera el malo de la película, pero el hombre estrambótico le gritó:

—¡Eh!, espere, no escurra el bulto.

Don Onofre se detuvo y se volvió un poco avergonzado de su descortesía. Observó el largo pelo del color de la zanahoria, la nariz aguileña y las mejillas violáceas del hombre, antes de preguntarle:

—¿Qué desea? Le advierto que tengo mucha prisa y que no queremos comprar nada ni tampoco interesa el teatro en este centro escolar.

Lo de que «no interesa el teatro en este centro escolar» lo dijo de carrerilla, como si lo hubiera aprendido de memoria cuando estudió Pedagogía o fuera una orden de la Consejería de Educación o del Ministerio.

—Quiero hablar con usted, que es el director de este colegio.

—¿Y cómo sabe que soy el director?

—Por la pajarita.

Don Onofre se rascó la cabeza. El recién llegado aclaró:

—Un hombre vestido con tanta extravagancia solo puede ser el director.

Don Onofre agitó ahora la cabeza como si quisiera sacudirse una alucinación.

—¿Y usted quién es?

—Teófanes Ciruela, el nuevo maestro.

—El nuevo —repitió el loro, por si acaso no le había entendido.

El director abrió la boca como un felino ante una presa tierna, pero el hombre le cortó:

—¿Quiere un chicle?

Y antes de que la cerrara, le había metido una pastilla gigantesca en la boca.

Don Onofre, mientras pensaba cómo iniciar su regañina al extraño profesor por su retraso en incorporarse, se dedicó a masticar el chicle, que, poco a poco, fue ablandándose y haciéndose pegajoso. De tal modo, que cuando quiso hablar no le salían las palabras.

—Me he atrasado un poco

—continuó el nuevo profesor—, pero supongo que no me habrán echado de menos. Como nadie me conoce...

El director pensó que por su desfachatez e indisciplina debía imponerle un correctivo. Y no se le ocurrió nada peor que:

—Se ocupará de una clase de mayores —balbuceó al fin, convencido de que su mayor deseo sería hacerse cargo de alguna de las clases de pequeños.

El hombre, en vez de disgustarse, se puso muy contento con la noticia. Como si le hubiera anunciado una subida espectacular de sueldo. Le plantó un beso en la calva y replicó:

—Muchas gracias, es el mejor premio que podría darme. Tan bueno como si me hubiera asignado una clase de pequeños.

A don Onofre se le abrieron los ojos y se le hincharon las narices hasta el borde de la explosión. Fue a soltar una palabrota, pero de su boca solo salió un precioso globo rosa, que se inflaba e inflaba conforme crecía su indignación.

—Oiga, hace usted unos globos magníficos. Ni yo mismo sería capaz de conseguirlos tan buenos. Si quiere, podemos organizar un campeonato.

El director, que era licenciado en Psicología y en Sociología, se pegó un capón e indicó con el dedo al nuevo maestro que entrara en el colegio, pero con tal infortunio, que pinchó el globo y explotó. El chicle se le pegó a la barba, que le quedó como un algodón de azúcar.

—Vaya a verme a mi despacho dentro de cinco minutos —dijo, mientras intentaba arrancarse el chicle de la barba.

El maestro Ciruela sonrió, cerró el paraguas, lo cargó sobre el hombro y, con la jaula colgada de la empuñadura, pasó al interior.

A los cinco minutos entraba en el despacho de don Onofre.

El despacho era pequeño y destartalado, algo así como una caja de galletas venida a más. Tenía una única ventana por la que se divisaba el cuello de jirafa de una gigantesca chimenea, que vomitaba todo el humo inimaginable: la pipa en que fumaba, intoxicándose, la gran ciudad.

Un rincón lo ocupaba un esqueleto humano con pinta de rapero marchoso. Don Teófanes Ciruela, al descubrirlo, se quitó respetuosamente el sombrero y lo saludó con un ademán.

—¿Qué hace usted? —preguntó el director, muy sorprendido—. Solo es el esqueleto de un hombre.

—De una mujer —puntualizó el maestro Ciruela.

—¿Cómo sabe usted...?

Pero su pregunta se quedó en el aire, porque el esqueleto levantó y extendió lo que le quedaba de mano y don Teófanes se la besó con cortesía.

—A sus pies, señora.

El director no supo jamás si fue la mano la que se levantó o si fue don Teófanes quien la ayudó, pero perdió el deseo de preguntar y solo dijo:

—Siéntese, don Teófanes.

—Usted primero, don Onofre.

—¡Siéntense, leñe! —gritó el loro, que era muy aficionado a vocear, quizá por su condición de loro español.

—Y digo yo…

«Malo —pensó el maestro Ciruela—, malo cuando empieza con esta frase».

—Y digo yo —continuó el director—, ¿no preferiría usted un colegio más tranquilo? Podría cambiar su puesto con algún profesor al que pudiera interesar esta zona. Precisamente conozco uno que…

—Un amigo suyo, ¿verdad?

Don Onofre se sonrojó un poco porque, en honor a la verdad, tenía que admitir que quería el puesto para un amigo de la infancia y que se llevó un berrinche de marca cuando supo que lo había conseguido un maestro de pueblo.

—Pues sí, un amigo, pero no crea que lo hago por amistad... —se excusó el director.

—¿Es que usted cree que los puestos se cambian como los cromos? Si su amigo quiere una plaza en este colegio, que se la gane.

El director miró al techo con resignación, suspiró y continuó con tono de infinita paciencia:

—Mire, por su aspecto deduzco que este no es el colegio apropiado para usted.

—¿Qué tiene que ver mi aspecto con la calidad de mi enseñanza y con mi preparación profesional? —dicho esto, don Teófanes se levantó y compuso su figura—. Además, ¿qué sucede con mi aspecto? ¿Acaso ha visto usted alguien más elegante que yo?, ¿eh...?, ¿eh......?

Y se dio una vuelta por el despacho como lo haría un modelo sobre la pasarela en un desfile de moda. El loro gritó:

—¡Chulo! ¡Tío bueno! —y lanzó un par de silbidos de admiración.

—Pero sus métodos de enseñanza quizá no sean hoy los más adecuados.

El maestro Ciruela ocupó de nuevo su asiento y avanzó el dedo índice hacia el director, al que casi se lo mete en un ojo.

—¡Qué sabrá usted de mis métodos de enseñanza! —y bajó la voz—. ¿Se sabe usted de carrerilla el nombre de las capitales de todos los países del mundo?

—Claro que sí —afirmó el director, picado en su amor propio.

—Me lo temía... Sin embargo, no

será capaz de imitar el canto del jilguero, ¿verdad?

—No.

—¿Y el de la perdiz?

—Tampoco... —admitió el director, ya un poco avergonzado —, pero sé el del gallo.

—Me extraña. Hágalo.

—Quiquiriquí... —cantó con timidez don Onofre, cogido por sorpresa.

—Más alto, sin miedo.

—¡QUIQUIRIQUÍ...! ¡QUIQUIRIQUÍ...!

En esto, se abrió la puerta del despacho, asomó la cabeza la señora Tomasa y, luego, llamó con los nudillos, que tal era su costumbre: primero entraba y después llamaba.

Al descubrir a don Onofre en su faceta de gallinácea, puso la misma cara que si hubiera visto al alcalde disfrazado de Supermán.

—¿Quiere algo, señora Tomasa?

—Nada, decirle que está usted como una cabra. Sí señor, como una «capra hispánica».

Y tras un portazo, se marchó.

El director miró fijamente al nuevo maestro y dijo:

—Está bien, tiene usted todo el derecho a quedarse. Se ocupará de quinto curso.

—Magnífico. ¿Dónde se encuentra el aula?

—Saliendo por el pasillo de enfrente, la tercera clase a la derecha. Pero no se preocupe, lo acompañaré y haré su presentación.

Cuando el director abrió la puerta del aula, una tiza pasó silbando junto a su cabeza. El maestro Ciruela, con un movimiento agilísimo, logró cogerla al vuelo y se la dio al loro. El animal se puso a chuparla como si fuera una piruleta, pues el calcio es bueno para las aves.

—¿Quién ha sido? —preguntó el director.

Se hizo un silencio masticable como los chicles del maestro Ciruela.

—Yo no he sido —afirmó una voz infantil, con aire de lección aprendida.

—Ya lo sé, Óscar —concedió don Onofre.

El zumbido de un ejército de moscardones, en este caso humanos, se dejó oír en la clase. Don Onofre, malhumorado, ordenó silencio con un gesto e hizo otro al maestro Ciruela, invitándolo a pasar.

Los niños, al verlo, empezaron a reír por lo bajini. El director los miró con severidad y dijo:

—Quiero presentaros a don Teófanes Ciruela... ¿Cuál es su segundo apellido?

—Notengo.

—¡Cómo no va a tener segundo apellido!

—Claro que sí. Mi madre se llamaba Margarita Notengo Martínez, y por eso mi segundo apellido es Notengo.

Los niños dejaron escapar sus risas y don Onofre se puso muy nervioso.

—Bien, pues don Teófanes Ciruela Notengo será vuestro profesor durante este curso. Espero que os comportéis con él tan bien como hasta ahora lo habéis hecho con los anteriores.

—Gracias, gracias... Encantado. ¡Ah!, en vez de profesor, prefiero el viejo título de maestro. Maestro es una palabra tan hermosa y que dice tanto... Para vosotros seré el maestro Ciruela.

—Bueno, don Teófanes, lo dejo con su clase —dijo el director—. Y basta de risas, niños.

Pero nada más salir, los alumnos prorrumpieron en carcajadas y comentarios jocosos, provocados, sin duda, por la estrafalaria figura del nuevo profesor. El barullo se hizo ensordecedor, hasta que una voz enérgica lo acalló:

—¡Silencio!, al que arme jaleo le arranco la nariz.

Los chavales se quedaron más cortados que una raja de sandía.

El loro había hablado.

2

Prohibido prohibir

El aula de quinto curso era luminosa, gracias a los amplios ventanales que corrían de extremo a extremo de uno de sus muros. Ventanales por los que se asomaban con curiosidad las acacias y los chopos del patio. Tal vez quisieran aumentar sus conocimientos o simplemente impartir algunas lecciones sobre Botánica.

El aspecto de la clase resultaba alegre, a un tiempo que transmitía una grata sensación de calma. Lo único que resultaba inquietante eran los alumnos. Si habían dejado de reír y alborotar no se debía a otro motivo que al miedo a perder la nariz de un picotazo o a la sorpresa frente a la enérgica autoridad del plumífero visitante.

Pero el panorama no parecía que intimidara a don Teófanes Ciruela, que se mostraba sonriente y complacido.

—Supongo que sabréis disculpar al loro —dijo—. Aunque parezca algo bruto, os garantizo que es animal de buen corazón. Puedo aseguraros —añadió sin darle importancia— que no creo que haya arrancado más de tres o cuatro narices en su vida.

Los chavales se miraron de reojo. Víctor, que era bajito, pecoso y con pinta de cabecilla, apuntó por lo bajo:

—Hay que cargarse al pajarraco.

El maestro Ciruela no debió de enterarse del asunto, pues continuó:

—Bueno, ahora que nos conocemos, me gustaría que me explicarais la causa de vuestras risas.

Nadie parecía dispuesto a dar tal

explicación. En vista de ello, el maestro miró a todos sin apartar su sonrisa y se dirigió a Lucas, el más alto y orondo de la clase.

—A ver, dímelo tú.

Lucas agachó su redonda cabeza, movió los mofletes y se encogió de hombros.

—No sé..., como los demás se reían...

—¿Solo eso? Di algo más, porque supongo que sabrás decir algo más, ¿no?

Lucas, apenas capaz de contener la risa, se lanzó:

—Yo tengo una cabra ética, pelética, peluda y pelambruda; si la cabra no fuera ética, pelética, peluda y pelambruda...

La carcajada fue general, incluso se oyó la del loro, que vociferó:

—Vale, tío, nos has convencido.

Don Teófanes, cuya sonrisa parecía que se le había quedado pegada en la cara, insistió:

—¿Ninguno de vosotros quiere dar una explicación?

Daba la impresión de que nadie iba a hacerlo, cuando Óscar alzó su cara de avellana rancia y habló:

—Ha sido por su... pinta. Que conste que me ha parecido una falta de respeto y de consideración, don Teófanes.

El maestro pegó un brinco y se puso en jarras.

—¿Qué pinta, acaso tengo yo mala pinta? Es lo más increíble y absurdo que he oído en mi larga vida de maestro.

Entre los alumnos cundió el temor a que el maestro montara en cólera. Veían que el curso no iba a tener un comienzo feliz ni prometedor. Tal vez por ello, Yolanda, una niña de larga melena rubia y con aspecto de decidida, medió:

—Óscar se refiere a que siempre hemos tenido profes jóvenes, y como usted es más... más... mayor...

Los ojos de don Teófanes se dirigieron hacia la niña y comenzaron a girar dentro de sus órbitas como dos remolinos imparables. Parecía un avión bimotor a punto de despegar. Los niños sintieron deseos de reír, pero ninguno se atrevía a mover un músculo, igual que el maestro, que estaba rígido, estático, a excepción de sus alocados ojos. Y así estuvo hasta que dijo:

—¡Mayor, mayor! ¿Es que un maestro siempre ha de ser joven? Lo importante es la edad de aquí —y se señaló la cabeza—, la juventud del coco. Pero si os preocupa también la edad del cuerpo, os demostraré que estoy en forma y tan ágil como el que más.

De un salto increíble, como impulsado por ocultos resortes, se subió en la mesa y de ella voló hasta lo alto del armario. Quedó agazapado sobre él porque el techo no le permitía enderezarse. Desde allí preguntó:

—¿Qué os ha parecido?

Los niños, cogidos por sorpresa, no se atrevían a responder. Entonces, el maestro Ciruela, de un limpio salto, bajó del armario y se dirigió de nuevo a ellos:

—Y esto no es nada. Seguro que os gano a correr. ¿Quién de vosotros es el más rápido?

Todas las miradas convergieron en Luis, un chaval moreno y flaco al que llamaban Ciempiés, porque era todo patas, y que siempre ganaba las carreras en las pruebas de atletismo.

Víctor pensó que el maestro trataba de impresionarlos con sus habilidades, por lo que intervino de nuevo en voz baja:

—Quiere quedarse con nosotros, nos está vacilando. Tenemos que darle una lección.

Los niños que se encontraban en su proximidad asintieron. Pero en esta ocasión don Teófanes se percató de la maniobra.

—¿Qué estás cuchicheando? —preguntó.

—Nada —respondió Víctor—, solo decía que no hay quien gane a Luis.

—¡Ah!, ¿no? Ya se verá. Echaremos una carrera durante el recreo.

Víctor se estrujó la mollera y, con rapidez, apuntó una solución conflictiva para don Teófanes.

—¿Y por qué no se hace ahora en el pasillo?

Creyó que iba a intimidar al maestro Ciruela, pero se equivocó.

—¿Y por qué no? Vamos al pasillo. La prueba consistirá en ir hasta el final y volver.

Todos se apiñaron en el extremo del largo corredor. Más que una prueba, aquella carrera constituía para los alumnos una aventura por lo que de infracción de las normas suponía. No había ninguna prohibición tan severa como la de correr por los pasillos. Sus rostros reflejaban la misma excitación que cuando se preparaban para una travesura peligrosa. Solo que en este caso era el maestro quien se la podría cargar.

Don Teófanes colgó la jaula del loro en la manilla de la puerta para que no se perdiera el espectáculo. Luego, con una tiza, trazó una raya en el suelo para señalar la línea de salida y, a la vez, de llegada.

Los dos corredores se situaron en posición de carrera ante la línea. Solo faltaba por determinar quién daría la salida. El maestro Ciruela se volvió hacia el grupo de espectadores y señaló a Marga, una niña con aspecto de inteligente y respetable funcionaria, cuya belleza morena resaltaban sus grandes gafas.

Luis, *Ciempiés*, se concentraba, resuelto a hacer la mejor carrera de su vida. Sus largas piernas y su cuerpo nervudo y tenso le daban el aspecto de un muelle dispuesto a saltar en cualquier instante.

—¿Preparados?, ¿listos...? —anunció Marga—, ¡ya!

Los dos corredores partieron como una exhalación. Los niños animaban con sus gritos: «¡Luis, Luis, Luis...!». A don Teófanes, por el contrario, nadie lo animaba. Bueno, salvo el loro, que repetía:

—¡Ciruela, Ciruela, Ciruela...!

Pero con tal alboroto ni se le oía.

Pronto los espectadores se dieron cuenta de que aquel maestro parecía propulsado por reactores: cuando Luis llegaba al final del pasillo, él ya había vuelto y entraba en la meta. Hubo decepción y sorpresa. Aunque mayor fue la de los profesores de los otros cursos, que se asomaron, alarmados por aquel guirigay, a la puerta de sus aulas.

—¿Qué ocurre aquí? —preguntó vociferando doña Porfiria, la tutora de tercero, que era mujer flaca pero enérgica—. ¿Y quién es usted?

—Soy el nuevo maestro de quinto.

—¡Ah!, por fin ha llegado. Bien, ¿no sabe que no se puede correr por los pasillos? Está prohibido.

—¿Prohibido?, ¿por qué? —preguntó el maestro Ciruela.

Doña Porfiria dudó y, al fin, contestó:

—Pues... pues... porque está prohibido.

—¡Prohibido, prohibido! —gritaron a coro los demás profesores.

Víctor se frotó las manos y cuchicheó a sus compañeros:

—¡Ya se la ha cargado!

Pero se quedaron atónitos con la respuesta de don Teófanes:

—¡Prohibido! ¡Prohibido correr por los pasillos, prohibido pisar el césped, prohibido hacer pis detrás de los árboles, prohibido alborotar, prohibido hurgarse en la nariz, prohibidas las risas...! ¿Qué no está prohibido? —respiró profundamente y añadió—. Niños, a clase.

Pero cuando él iba a entrar, se volvió hacia los profesores y sentenció:

—¡Prohibido prohibir!

Los chavales ocuparon sus asientos, llenos de asombro por la salida extraña de su profesor, que pronto dejó clara su filosofía:

—Como comprenderéis, yo no estoy en contra de la disciplina ni del orden, pero pienso que deben conseguirse mostrando lo que es correcto o incorrecto y cuándo una actitud puede ser apropiada o inconveniente. Es cuestión de enseñanza, de educación, pero no de prohibiciones.

A los niños les pareció interesante aquel razonamiento.

Don Teófanes, a continuación, adoptó un aire de seriedad y dijo:

—Bien, ya nos hemos divertido bastante. Acaba de comenzar el curso y debemos emprender nuestra tarea. Ya iréis conociendo durante el curso cómo entiendo yo la enseñanza. Tal vez os parezca extraño, pero detesto los métodos aburridos, memorísticos y repetitivos.

Los niños ignoraban qué pretendía don Teófanes con su discurso.

Se miraban sorprendidos, con el convencimiento general de que el nuevo profe estaba un poco pirado y de que aquella sería otra de sus extravagancias.

—A mí —continuó— me van cantidad la lectura, la música y el teatro. Y a ellos dedicaremos parte de nuestro tiempo. Nos ayudarán a que entendamos y aprendamos mejor el resto de las materias. ¿Alguna pregunta?

Lucas levantó la mano y arrugó sus mofletes, dibujando una sonrisa beatífica.

—¿Quiere decir que no tendremos que estudiar ni aprender cosas de memoria?

Don Teófanes lo miró con los ojos encogidos como pasas. Y antes de contestar, se empinó sobre la punta de sus zapatos, con lo que resaltó más, si cabe, la originalidad de sus calcetines.

—¿Tú crees que soy un maestro o un

chollo? Claro que habrá que estudiar, pero con mi método. ¿Alguna otra pregunta?

Esta vez intervino Hugo, el más pequeño de la clase, con su cara de ingenuidad y de quien va a contar un chiste.

—¿Podremos jugar con el loro?

—Eso depende de él y de vosotros. Es cuestión de mutuo entendimiento y confianza. Y bien, voy a facilitaros la lista de los libros que leeremos durante el curso.

Don Teófanes escribía en la pizarra, de espaldas a sus alumnos, con una letra redonda y dinámica, como si tuviera vida. A las tes, más que palito, parecía que les colocara alas; y a las emes y enes, pies.

Entretanto, César, que era de natural travieso y alborotador, el más revoltoso de la clase, extrajo un pañuelo, que debió de ser blanco alguna vez y que ahora se veía más bien pardusco, y se lo llevó a la nariz, a la vez que introducía el dedo índice en la boca, como si lo mordiera, oculto por el pañuelo. Hizo un pícaro guiño a sus compañeros y sopló y sopló sobre el dedo con todas sus fuerzas, con lo que logró un ruido potente y ronco, igual que si fuera un elefante el que se sonara la nariz. Los niños rompieron a reír y don Teófanes se dio la vuelta y miró con extrañeza a César, que se excusó:

—Es que estoy resfriado...

—Pues creí que nos estabas ofreciendo un concierto de trombón. Por cierto, imitar instrumentos musicales puede resultar muy divertido. Os lo demostraré: vamos a componer una orquesta. Cada uno de vosotros imitará un instrumento, golpeará sobre la mesa, tocará las palmas o cantará e interpretaremos alguna pieza musical conocida —dijo el maestro sin el menor enfado por la travesura de César, a quien señaló—. Por supuesto tú tocarás el trombón.

La idea pareció estupenda a los alumnos.

—¿Qué queréis que interpretemos?

—Algo con mucha marcha —gritó César.

Hubo numerosas propuestas hasta que, al fin, se llegó a un acuerdo. Don Teófanes, tras unas pruebas, dio la señal y la improvisada orquesta comenzó a tocar.

La participación de la clase era total y con tanta sincronización y soltura, que cualquiera creería que llevaban tiempo ensayando.

El ritmo iba en aumento. El maestro Ciruela comenzó a llevarlo con los pies, más tarde con los brazos y, al final, terminó por seguirlo con todo el cuerpo. Cuando más entusiasmado estaba con su baile, se abrió la puerta, lo que provocó un silencio repentino. Entró la señora Tomasa, quien, después de llamar y cerrar la puerta, según su costumbre, preguntó:

—¿Qué es esto, ahora bailan los profes en vez de dar clase o es que usted se ha vuelto loco?

—Señora, usted esto no lo entiende porque no tiene el ritmo metido en el cuerpo. El ritmo que incita al baile —respondió don Teófanes.

—¿Que no lo entiendo ni tengo ritmo? —se picó—. Sepa usted que yo era quien mejor bailaba en mi barrio. Una vez gané una copa.

—¿De plata?

—No, de anís. Se la bebía el que mejor había bailado.

El maestro, dispuesto a picar aún más su amor propio, añadió:

—No puedo creerlo.

—¿Quiere que se lo demuestre?

—Sí, sí —gritaron los niños.

—Lo haré si usted me acompaña.

—Está bien. Niños, tocad.

El concierto se reanudó y la señora Tomasa y el maestro Ciruela se pusieron a bailar con la misma agilidad que si tuvieran veinte años. Sus números acrobáticos entusiasmaban a los improvisados músicos, cuando de repente se abrió de nuevo la puerta y apareció el director, acompañado de los profesores de las aulas vecinas, que habían ido en su busca tras el incidente de la carrera.

—¡Don Teófanes, señora Tomasa! —vociferó don Onofre.

Los niños interrumpieron su interpretación musical. La señora Tomasa se puso tan roja como un semáforo en prohibido. Don Teófanes, por el contrario, sonrió y se acercó a los recién llegados.

—¿También ustedes quieren bailar? —preguntó.

—¡Está loco! —chilló doña Porfiria.

El director, por toda respuesta, dijo:

—Niños, al recreo. Y usted, don Teófanes, acompáñeme a mi despacho.

De lo que en dirección se trató y dijo, solo don Onofre y don Teófanes podrían dar fe. Si hubo reprimenda, sabios argumentos o gruesas palabras, es un secreto que guardarán celosamente las paredes gastadas del despacho.

No obstante, el asunto motivó variados comentarios y suposiciones, tanto entre alumnos como entre profesores. En especial, cuando se supo que el director y doña Porfiria habían pasado la tarde del siguiente domingo bailando en una discoteca.

Lo que, bien mirado, resultó confortante y aleccionador.

3

Algo sonado

Habían transcurrido las primeras semanas del curso. El maestro Ciruela, con sus juegos y extravagancias, había logrado que sus alumnos aprendieran lo suficiente como para que se sintiera orgulloso de su tarea.

Hasta Nati, que siempre estaba más despistada que una mosca en un helicóptero, había aprendido un montón. Don Teófanes acostumbraba a preguntarle:

—Pero, Nati, ¿en qué estás pensando?

—En nada, don Teófanes.

Y nunca faltaba alguna voz que apuntara:

—Es que está enamorada...

La niña se ponía encarnada, más de rabia que de vergüenza, y sacaba la lengua a sus compañeros, que gozaban provocando su enojo.

Don Teófanes, días atrás, aprovechando la temperatura aún casi veraniega, había llevado a su clase de excursión al campo. Ello supuso, aparte de la lógica diversión, la aventura del loro, que trepó a la copa de una encina y no había manera de hacer que bajara. Tuvo que subir el maestro Ciruela en su busca. Los niños se lo pasaron pipa viéndolos saltar de rama en rama mientras el loro repetía: «¡Libre como un pájaro, libre...!».

No menos espectacular fue lo que sucedió a César, que se deslizó por unas rocas, como si fueran un tobogán, y terminó sentado sobre un cactus y con un montón de púas clavadas en el trasero. Dio un grito solo comparable al de Tarzán, lo que hizo que todos los niños acudieran.

Don Teófanes dijo que había que quitarle los pinchos. César, aunque lo estaba deseando porque le dolía a rabiar, se resistió, y puso como condición que sus compañeros, en especial las chicas, no estuvieran a menos de trescientos metros.

—Quien quiera ver un culo, que lo vea en televisión —dijo.

Precisamente, fue en esa excursión en la que un grupo de alumnos se reunieron a la sombra de un alcornoque.

—Yo creo que el maestro Ciruela es un poco raro —comentó Víctor, que parecía llevar la voz cantante.

—¿En qué lo has notado? —preguntó Marga con sorna.

—Quiero decir que no es como los demás profes, tiene más aguante, más correa.

—Vamos, que le va la marcha —puntualizó Lucas, entre mordisco y mordisco a un kilométrico bocadillo.

Marcos, al que apodaban «el banquero» porque siempre estaba intentando sacar algo a los demás, miró a Lucas con cara de amigo íntimo y le dijo:

—Tío, pásame el bocata.

—No puede ser, tengo una enfermedad contagiosa —mintió Lucas.

—¡Jo...! —insistió Marcos.

—Que no, tendría que repartir a todos.

Víctor puso cara de impaciencia.

—Dejaos de rollos con el bocata. Vamos a lo nuestro.

—¿Y qué es lo nuestro? —preguntó Nati, que estaba en las nubes.

Víctor la miró con aire de suficiencia y continuó:

—Digo yo que podríamos prepararle algo sonado.

—¿Un concierto? —insistió Nati.

—¡No, una trastada! —aclaró Víctor,

ya algo impaciente y mosqueado por el despiste de Nati.

—¿Y si se enfada? —objetó Hugo.

A Yolanda se le iluminó la mirada.

—¡Qué se va a enfadar! Un tipo tan curioso y divertido bien merece que le gastemos una broma.

—Así veremos si tiene tanta correa como parece.

—¿Qué podríamos hacerle? —interrogó alguien.

Se hizo el silencio. Todas las cabecitas trabajaron a marcha forzada en busca de una respuesta convincente.

César, que aún no se había clavado las púas del cactus, se frotó las manos y fue el primero que contestó:

—¡Ya está!, le untamos cola de contacto en el sillón.

—¡Hala! —gritaron a coro sus compañeros.

Mari Luz, conocida por «Bombilla»,

que siempre tenía ideas geniales y luminosas para mayor honra y gloria de su nombre y apodo, apuntó:

—Podríamos serrarle una de las patas del sillón. Bueno, lo suficiente para que se rompiera cuando se sentara.

La idea no cuajó, pero dio pie, eso sí, a que se pusiera en marcha la imaginación de los demás.

—¿Por qué no tiramos una bomba fétida en clase?

—Le clavamos el cajón a la mesa.

—Tiramos un petardo cuando esté escribiendo en la pizarra.

—Le regalamos un libro con las hojas en blanco.

—O pegadas.

—Soltamos un elefante en clase.

—Le mandamos un cocodrilo por correo.

—¡Hala, qué animal!, para que se coma al cartero...

—Ya sé, le metemos ratones en el cajón de la mesa —apuntó alguien.

La idea parece que prendió en todos.

—¡Eso, ratones! —gritaron a coro.

Víctor se adelantó al centro del grupo y le pasó revista con la mirada. Parecía un profesor, pero mucho más serio que don Teófanes.

—¡Ratones, ratones! ¿De dónde sacamos ratones? —dijo al fin.

Lucas se puso de pie y levantó sus mofletes hasta que formaron una vanidosa sonrisa.

—En una casa medio derruida de mi calle hay cuantos queráis. Son como gatos —aseguró.

—Si fueran como gatos, se devorarían entre sí —contestó Hugo, con la expresión feliz de quien ha hecho un chiste.

—A ver si son ratas, y por ahí no paso —dijo Marga, con cara entre miedo y repugnancia.

—Si digo que son ratones es que lo son, ¿o creéis que no sé distinguirlos?

Víctor miró a Lucas con aprobación.

—Muy bien, ya que eres tan experto, te encargarás de cazarlos.

Lucas pegó un respingo.

—Pero... pero hará falta una ratonera con la que se cacen vivos, y yo no tengo.

—¡Jolín!, pues la compras.

Lucas no estaba muy de acuerdo.

—Yo solo no lo hago, que alguien me ayude. Compro la ratonera, pero no los saco de ella, con lo que se mueven y el asco que me dan, me niego.

Nadie parecía dispuesto a ocuparse de tan ingrata tarea.

—Si fueran como los que venden en las tiendas de animales, que son tan cariñosos y tranquilos... —dijo alguien.

—Pero esos son blancos, y no sirven para nuestra broma porque los blancos no dan asco.

—Pues los teñimos —propuso Mari Luz.

—¿Con qué?

—Con el tinte de mi abuela que tiene el pelo blanco y se lo tiñe de caoba —propuso alguien.

—¿Cuándo has visto tú un ratón pelirrojo?

—Mejor compramos tinte en la droguería —dijo Víctor.

Y de ese modo tan simple surgió lo que iba a constituir la diabólica broma para el maestro Ciruela. Rápidamente corrió la voz entre los restantes compañeros de clase. A Óscar fue el único al que nada dijeron por miedo a que se chivara.

Por fin llegó el momento esperado de gastar la broma a don Teófanes. Lucas apareció aquella mañana con los ratones ya teñidos y metidos en una bolsa de grueso papel y llena de agujeritos. Tras la compra en una tienda de animales, había sido el encargado de custodiarlos y alimentarlos en su casa. A teñirlos le habían ayudado Nati y Mari Luz la tarde anterior con no demasiado éxito, pues aquellos ratoncitos blancos, más que ratones vulgares, parecía que habían pasado por una peluquería para que les dieran mechas de colorines. Pensaron que dentro del cajón de la mesa, en penumbra, podrían dar el pego.

—Si de noche todos los gatos son pardos, no van a ser menos los ratones dentro del cajón —dijo Nati.

Óscar observó el interés de sus compañeros por el contenido de aquella bolsa, y preguntó a Lucas:

—¿Qué llevas ahí?

—Nada, unos... bocatas. Además, ¡a ti qué te importa!

—Bueno..., chaval —respondió Óscar con un mohín de despecho, que, en el fondo, escondía su dolor por la mala contestación recibida.

—¿Por qué no nos quedamos algunos ratones y se los metemos a las chicas por el escote? —musitó César a Víctor.

—Pero qué bestia eres.

Los encargados de meter los ratones en el cajón serían Lucas, César y Víctor durante el tiempo del recreo. Cuando llegó la hora, se despistaron fingiendo que iban al servicio. Consiguieron llegar a clase sin ser vistos. Lucas quedó de guardia en la puerta. César y Víctor metieron uno a uno los ratones en el cajón y lo cerraron con rapidez por miedo a que alguno escapara.

—Estos ratones parecen bobos —dijo César—. No sé si van a asustar a don Teófanes. Habría que haber metido ratones salvajes, y si no, serpientes de cascabel.

—Pero qué bestia eres, tío —volvió a repetir Víctor.

Cuando volvieron al patio, nadie había advertido su ausencia.

Se reanudó la clase y se cruzaron guiños de complicidad. Óscar estaba un poco mosca porque intuía que algo se tramaba y temía que le hubieran preparado alguna gamberrada.

El loro también se encontraba inquieto. Parecía como si barruntara algo. Abrió sus alas y vociferó:

—¡Aquí se cuece algo, aquí se cuece algo!

Don Teófanes le pasó la mano por las plumas y trató de tranquilizarlo.

—Calla, «Parlanchín» —que, además de serlo, era el nombre que el maestro le había dado.

Luego, se encaminó a su mesa y anunció:

—Había pensado leeros otro capítulo de Platero y yo, pero si queréis podemos escenificar un cuento.

—¡Platero, Platero! —gritaron los

alumnos, a pesar de que la teatralización de un cuento era un «invento» que les había encantado.

Pero es que el libro de Juan Ramón Jiménez se encontraba en... ¡EL CAJÓN!

—De acuerdo, de acuerdo, sea por voluntad popular —aceptó de buen grado don Teófanes.

Acercó la mano al cajón y tiró con suavidad de él, pero lo cerró con rapidez, como si hubiera descubierto algo explosivo en su interior. Después, frunció el ceño y se aproximó al borde del estrado. Los niños se quedaron más cortados que una ración de chorizo, olfateando la tempestad que amenazaba estallar de un momento a otro. El maestro miró uno a uno con parsimonia y sin acritud.

—¿Quién ha sido? —al fin preguntó.

Sus alumnos se interrogaron con la mirada. Una mirada que terminó siendo de complicidad.

—Ha sido Óscar —dijo alguien.

—¡Óscar! —añadió la mayoría.

El injustamente acusado iba a protestar, pero don Teófanes le interrumpió.

—Óscar, agradezco tu detalle, siempre resulta grato contemplar tanto animalito reunido. Pero es un placer que no quiero solo para mí, sino que deseo compartirlo con todos vosotros.

Dicho esto, regresó a su mesa y se dispuso a abrir el cajón.

Hubo un cierto revuelo y movimiento de temor entre algunos alumnos, sobre todo entre parte de las niñas. Unos ratones, por muy blancos o tintados y domésticos que fueran, no dejaban de impresionar a muchos. Yolanda, sorprendentemente, se subió a su silla y se puso a chillar como una loca.

Pero don Teófanes no parecía darse cuenta, tiró del cajón y lo abrió

con suavidad, casi con dulzura. Entonces, dio una palmada y una bandada de mariposas de bellísimos y diferentes colores salieron de estampía y comenzaron a revolotear por el aula.

—Miradlas, miradlas —dijo el maestro Ciruela—, en sus alas llevan todos los colores del arco iris.

Y abrió de par en par la ventana, por donde escaparon las mariposas con su vuelo inconstante, casi atolondrado, pero encantador.

Una parte de la clase se preguntaba cómo pudo cambiar los ratones por mariposas en los escasos minutos que quedaron de recreo después de que metieran los ratones en el cajón. La otra, pensó que don Teófanes era un mago excepcional, o que el mago era el señor que les había vendido los ratones, a saber.

Pero todos coincidieron en que el maestro Ciruela era capaz de lo más increíble.

4

¡Báñese quien pueda!

El maestro Ciruela trataba de explicar a sus alumnos por qué los barcos flotan. Pero antes de entrar en materia, señaló a Hugo y le preguntó:

—A ver, ¿por qué crees tú que flotan los barcos?

—Porque si no, se hundirían —contestó el niño, y soltó una carcajada, celebrando su propio chiste.

—Yolanda —insistió don Teófanes en un nuevo intento.

—Porque son de madera y pesan menos que el agua.

—Los modernos son de acero y, sin embargo, flotan.

—Pues tendrán cámaras llenas de gas, como los globos.

El maestro sonrió y balanceó la cabeza de un lado a otro.

—No exactamente.

Luego, para que conocieran la razón por la que los barcos flotan, les explicó el principio de Arquímedes, pero como no los veía muy convencidos, decidió pasar a la acción.

Con un viejo cubo de metal –aportación de la señora Tomasa–, algunas herramientas y mucha imaginación, construyó algo que igual podría ser un barco que una gigantesca lata de sardinas, un satélite artificial o el casco de un romano.

—No hay nada como la práctica —dijo—. Os haré una demostración de cómo navega sin hundirse este buque de acero. Vamos a probarlo en el estanque del parque.

Para los niños cualquier salida del colegio suponía no solo una diversión o una aventura sino, además, escabullirse de clase.

El estanque se encontraba en medio del reducido parque del barrio, un trozo de terreno que había logrado salvarse de la especulación urbanística y de la voracidad de políticos y constructores, y en el que, a duras penas, habían logrado crecer árboles en vez de rascacielos.

Junto al estanque, casi emergiendo de él, se erguía un monumento a un famoso héroe nacional, que montaba un magnífico corcel y empuñaba, brazo en alto, una descomunal espada. Como ningún letrero indicaba su nombre, muchas personas opinaban que la estatua representaba a un célebre actor en una escena de una conocida película. Y es que los héroes, a veces, también necesitan etiqueta, como los jamones o los botes de mermelada.

Don Teófanes, en medio de la

atención y del jolgorio de sus alumnos, botó el barco y comenzó a darles sus más comprensibles explicaciones, pero la nave hacía agua por una pequeña ranura que tenía en el fondo. El maestro cogió el barco y con golpes de martillo trató de taponar la fuga, que, con mayor exactitud, era entrada. Sin embargo, el agua persistía tenazmente en entrar por la hendidura.

Don Teófanes, que era hombre insistente y que no se dejaba acobardar fácilmente por la contrariedad, lo intentó una y otra vez, pero sin éxito. A Mari Luz se le debió de encender la bombilla de las ideas luminosas, pues propuso:

—¿Por qué no tapona con chicle el agujero?

El maestro se puso más contento que unas castañuelas con la idea de la niña, por lo que pidió prestado un chicle.

Lucas, que siempre estaba masticando algo, se sacó de la boca un chicle ennegrecido y lo entregó a don

Teófanes, que dijo:

—Mari Luz, si funciona tu invento, te pondré un diez en el tema de hoy.

Y funcionó, vaya si funcionó. El barco flotaba sin que hiciera agua. Pero el aire o el azar quiso que se fuera al centro del estanque antes de que el maestro lograra reemprender sus explicaciones.

Sin dudarlo, don Teófanes se quitó los zapatos, se remangó los pantalones y se metió en el estanque. Poco después, César lo imitó, y en pocos segundos media clase se encontraba dentro del agua, que solo cubría hasta las rodillas.

El excéntrico maestro prosiguió su lección dentro del estanque. Sus alumnos lo escuchaban encantados, cuando apareció un policía municipal de uniforme azul y porra respetable al cinto, pero, a pesar de ella y de su cara seria y pretendidamente fiera, con un aspecto de bonachón incurable. Detrás del guardia, que era grande y fuerte como un elefante criado en una huerta, asomó una señora diminuta y gritona que señaló al maestro Ciruela y sus alumnos.

—¡Esos son, señor guardia!, están ensuciando el estanque.

—¿Qué hacen dentro del agua? —preguntó el agente del orden con voz de tempestad.

Don Teófanes se quitó el sombrero, saludó y contestó:

—Estoy explicándoles el principio de Arquímedes.

—¡Ah! —dijo el guardia.

Y la señora:

—¡Deténgalos!

—¿Se puede detener a alguien porque explique el principio de... de..., bueno, de quien sea?

—¡Claro que no! —gritaron los niños.

—¡Claro que sí! —vociferó la dama.

—Está bien —amenazó el policía

mostrando la porra—, salgan de ahí de inmediato.

Don Teófanes se acercó al borde del estanque y le dijo:

—Mire, solo trato de enseñarles por qué flotan los barcos.

El guardia sonrió, y se le iluminó el rostro.

—Si solo es eso..., me parece estupendo. Oiga, yo soy de un pueblecito de la costa y, antes que guardia, fui marinero.

—Entonces nos autoriza, ¿verdad? —preguntó el maestro Ciruela.

—No veo inconveniente. Yo de barcos sé un montón. Si quiere, puedo ayudarle.

—Encantado, explíqueselo usted, seguro que lo hará mejor que yo.

El guardia se quitó las botas, se remangó los pantalones y se metió en el estanque. La señora pegó un chillido y gritó amenazadoramente:

—Esto lo sabrán sus superiores. No sabe usted quién soy yo.

El policía grandullón se encogió de hombros y musitó:

—Ese truco está ya muy visto.

Pero la señora no pudo oírlo porque había escapado como un cohete y saltaba por encima de los bancos, de los coches de bebé y de los viejecitos que tomaban el sol.

—Me llamo Eulogio del Botijo Blanco —se presentó el guardia.

Y empezó a hablarles de barcos, de mares y de pescadores. Tanto empeño ponía, que en uno de sus movimientos resbaló y cayó, cuan largo era, dentro del agua. Fue como si hubiera emergido un submarino, del que solo se veía la increíble tripa y el periscopio de su nariz de cachiporra. Pero no se intimidó, se puso de pie y, chorreando, continuó su explicación.

Don Teófanes, entre tanto, se había encaramado a la estatua y le había arrancado la espada al héroe, pero como todos estaban embelesados con el tema de los barcos, ninguno se había dado cuenta.

Sobre el pedestal de la estatua, comenzó a golpear la espada con el martillo y a trabajarla con otras herramientas. Al cabo de un rato, lo que fuera una espada se había convertido en una preciosa paloma de alas extendidas. La miró, remiró y la colocó en la mano del héroe. Luego, se bajó y dijo:

—¡Eh!, chicos, ¿qué os parece?

Ni los niños ni el guardia se daban cuenta de lo que el maestro mostraba con orgullo, hasta que Óscar comentó:

—¡Hala!, ha hecho una paloma.

Eulogio del Botijo, el policía municipal, se quitó la gorra y se rascó la frente.

—Pero ¿qué ha hecho usted con la antorcha?

—No era una antorcha, sino una espada.

—Me da igual, usted quiere meterme

en un lío. ¡Ay!, como se enteren mis superiores... Me veo de nuevo de marinero.

El ulular de una sirena lejana se fundió con las risas de Hugo, que chapoteaba en el agua. De repente, su pie tropezó con un objeto duro y metálico. Metió la mano en el agua y sacó una pistola enorme. La empuñó y gritó con todas su fuerzas:

—¡Arriba las manos!

Eulogio, al verlo, se pegó un susto de muerte.

—Niño, dame ese revólver. ¡Vaya, hombre, lo que faltaba! ¿De dónde lo has sacado?

Hugo se asustó un poco al ver la cara del policía, y le entregó el arma.

—Lo he encontrado en el fondo del estanque. Será para mí, ¿no?

Eulogio observó el arma con detenimiento y dijo:

—Aún no está oxidado. Algunos *chorizos* deben de haberlo tirado al agua recientemente. No es el primero que aparece en un estanque. Habrá que entregarlo en comisaría.

La sirena del coche de policía, estacionado en la calle que bordeaba el parque, casi tapó sus palabras. Dos policías de uniforme se aproximaron al estanque.

—¿Qué ocurre aquí? —preguntó el más joven de los dos.

Y se dirigió al guardia municipal.

—¿Le han atacado?

—¿A mí? De ningún modo —respondió Eulogio—. ¿A qué viene tanta sirena?

—Es que nos ha llamado una señora muy excitada para decirnos que había movida en el estanque. Al verlo como una sopa, hemos pensado que necesitaba ayuda. ¿Qué ha pasado?

El policía municipal carraspeó antes de que, a modo de excusa, contestara:

—Nada, que uno de los niños ha descubierto una pistola en el fondo del estanque. Precisamente íbamos a llevarla a la comisaría.

Los policías miraron el arma y, luego, a don Teófanes.

El más joven volvió preguntar:

—¿Y este señor quien es?

—El profesor de estos niños —dijo el guardia.

—Soy el maestro Ciruela.

—¿El que no sabía leer y puso una escuela? —preguntó el policía joven.

—No, ese era mi tío —contestó con sorna el maestro.

El policía de más edad, que lucía unos galones dorados, cortó la broma.

—Los llevaremos a comisaría para que entreguen el arma. Que nos acompañe también el niño que la encontró.

En ese momento, el policía más joven reparó en la estatua y dijo:

—¡Anda!, ¿qué ha pasado con la bandera?

—No era una bandera sino una lanza —aseguró el policía de los galones.

El maestro Ciruela, después de pensar en qué poco se fijan las personas en sus héroes, afirmó:

—Una espada.

—Pues yo solo veo una paloma —prosiguió el policía más joven.

—Y yo —aseguró el mayor—. Pero vamos a comisaría cuanto antes.

El coche se marchó con su insistente sonido de sirena loca y con Eulogio, don Teófanes y Hugo, que iba más contento que un mono en un barco cargado de cacahuetes. Los niños, con Víctor al frente, decidieron que no volverían al colegio, sino que se dirigirían hacia la comisaría para no quedarse fuera de juego, convencidos de que tenían que haber ido todos. Claro que habría hecho falta un autobús.

El comisario observó el revólver con detenimiento y dijo:

—Menos mal que lo han encontrado ustedes. Pudo haberlo hallado algún delincuente. Seguramente lo habrán tirado hace un par de días, después del atraco a la joyería que hay enfrente del parque.

Apuntó en un papel la marca y el número de serie del revólver, hizo una seña a un policía de uniforme, que, sobre gordo, tenía aspecto de cansado, y le ordenó:

—A ver, Ortega, que comprueben en el ordenador a quién pertenece esta arma.

Al cabo de un buen rato, durante el cual el comisario les dio una conferencia sobre inseguridad ciudadana y sobre lo molesto que resulta en el cine el ruido de comer palomitas de maíz, apareció el policía Ortega con el papel en la mano.

—Señor comisario, debe de estar averiado el ordenador central porque nuestro terminal no admite datos.

—Vaya, hombre, siempre igual. Está

bien, que lo compruebe manualmente el cabo García.

En un santiamén estaba de regreso Ortega.

—Dice que pertenece a un guardia municipal llamado Eulogio del Botijo Blanco, señor comisario.

Eulogio se llevó con rapidez la mano a la funda que colgaba de su cinturón, como si estuviera en una película del oeste y pretendiera desenfundar antes que el malo.

El comisario, con cara de suficiencia, dijo:

—¿Lo ven?, algún pobre guardia al que han robado su arma reglamentaria.

Al guardia Eulogio se le subieron los colores, tosió y confesó tímidamente:

—Eulogio del Botijo soy… soy… yo.

El comisario lo miró alucinado.

—¿Usted? ¿Y cómo pudo perder su arma?

Eulogio le dio vueltas a su gorra hasta marearla.

—Debí de perderla cuando me encontraba dentro del estanque..., cuando resbalé.

—¿Qué hacía usted dentro del estanque?

—Daba una clase sobre barcos.

El comisario se puso en pie de un brinco.

—¿Barcos? —le entregó la pistola y continuó—. ¡Fuera!, váyanse antes de que los encierre. ¡Barcos...!

Cuando Eulogio del Botijo, don Teófanes y Hugo iban a abandonar a toda prisa la comisaría, el comisario, al que el policía de los galones dorados había susurrado algo, los llamó:

—¡Un momento!, ¿qué me dicen de la transformación de la espada de la estatua en paloma?

Don Teófanes esbozó su sonrisa más beatífica y angelical, se acercó al comisario y le dijo:

—Comisario, ¿no cree preferible que un héroe luzca en su mano no una espada, signo de guerra, sino una paloma como símbolo de paz?

El loro asomó la cabeza por el bolsillo de don Teófanes y gritó:

—¿Y por qué no un loro?

El comisario elevó las cejas hasta que le tocaron el cabello y les ordenó con un gesto que se largaran.

El maestro Ciruela, el guardia Eulogio y Hugo caminaron por la calle rodeados por los niños, que los aguardaban a la puerta de la comisaría.

El comisario, solo ya en su despacho, cogió un folio inmaculado, lo dobló cuidadosamente y construyó una pajarita de papel, una paloma blanca, que colocó sobre su mesa. Quedó mirándola complacido y sonriente.

Entre tanto, el loro, encaramado en el hombro de don Teófanes, gritaba en todas direcciones:

—¿Y por qué un loro no puede ser símbolo de la paz?, ¿y por qué no un loro…?

5

Pinturas y pintadas

Don Onofre paseaba con nerviosismo por su despacho. Don Teófanes, sentado junto a la mesa del director, lo miraba socarronamente, con una sonrisa que podría parecer de suficiencia o de burla, pero que, a todas luces, se veía que era de afecto.

—Mire, don Teófanes, sé que para usted no tiene importancia, que incluso le parece divertido y justificable, pero su acción constituye una falta muy grave.

El maestro Ciruela arrugó su crecida nariz y respondió con naturalidad y cierto malestar:

—No sé por qué. La valla del colegio pedía a gritos que la pintaran. Estaba hecha un asco. Solo tenía suciedad y pintadas y más pintadas de grafiteros con mal gusto y de firmas de fracasados que, estúpidamente, buscan con sus garabatos conseguir la notoriedad que son incapaces de lograr por medios dignos, de cutres destrozadores de ciudades y monumentos.

—De acuerdo, pero esa no era una decisión que debía tomar usted por su cuenta. Y menos, llevarla a cabo con sus alumnos durante el fin de semana. Tenía que haber contado conmigo. Creo que estoy para algo, ¿no?

—¡Ah!, bueno, si hubiera sabido que le apetecía pintar, le habría avisado.

El director pegó un bote y se le encendieron las mejillas.

—A mí qué me va apetecer pintar, estaría bueno. Cómo se me iba a ocurrir el desatino de pintarrajear la valla del colegio con esos extravagantes y repelentes colorines.

—No son colorines —argumentó el maestro, dolido—, son colores. Colores vivos y alegres con los que los niños han pintado esos murales que han cambiado el aspecto anticuado y triste de este centro. Y no irá a decirme que son una mamarrachada porque puedo enfadarme. Y cuando yo me enfado...

Don Onofre lo miró con miedo, aunque la sonrisa seguía dibujada en su cara.

—No, en eso lleva razón —admitió—, los murales son magníficos, pero no justifican su falta. Antes de tomar la iniciativa, debería habérmelo solicitado, yo lo habría hecho al inspector, el inspector a la delegación, la delegación a la Consejería de Educación... Así de sencillo, y siempre por escrito. ¡Y despierte, don Teófanes!

—Si estoy despierto...

—Se estaba durmiendo, le he visto. A ver, ¿de qué hablaba?

—De la Consejería de Educación.

—Así es, de la Consejería, a la que voy a dar una queja de usted antes de que desde ella me reprendan.

Don Teófanes se levantó con cara de pocos amigos y cogió el teléfono que había sobre la mesa de despacho.

—Conque esas tenemos, ¿eh? Pues, muy bien, aquí tiene el teléfono, hágalo. No crea que me asusta.

Pero cuando iba a entregárselo, el aparato se puso a repiquetear.

—Dígame —contestó el maestro—. Sí, está aquí. ¿Quién lo llama? ¡Ah!, de la Consejería de Educación. Tome.

Y entregó el auricular a don Onofre, que se puso pálido y argumentó:

—¿Ve? —y tapó el micro con la mano—. Si yo sabía que tendría que ocurrir... Aún no son las diez de la mañana y ya se han enterado. Dígame. Sí, yo soy. ¡Ah!, sí. Precisamente iba a pasarles un informe... No, a causa de la pintura de la valla del colegio. ¿De eso querían hablarme? Lo suponía. ¿Felicitarme? ¿A mí? Ha quedado bien, ¿verdad? Estaba haciendo falta. Sí, sí, muy alegre, llena de colorido. Sí, los murales son estupendos. Obra de los alumnos de quinto. Unos artistas, sí. Bien, pues me alegro de que les haya parecido una buena idea. Muchas gracias, muy agradecido. Sí, se lo transmitiré a los niños. Adiós, adiós...

El director carraspeó, tosió, se rascó la cabeza y añadió:

—¿Tiene un chicle, don Teófanes?

—Un chicle no sé, pero si quiere le invito a un bocadillo de calamares.

—Prefiero el chicle.

Cogía la pastilla que le daba don Teófanes, después de que este hubiera rebuscado en sus bolsillos, cuando se abrió la puerta y la señora Tomasa entró como una exhalación. En esta ocasión ni se acordó de darse la vuelta para llamar. Traía un periódico en la mano y daba la impresión de que se había vuelto majareta.

—Mire, señor director, hasta con fotografía.

—¿Qué sucede, señora Tomasa? —preguntó, sorprendido, don Onofre.

—En el periódico dicen maravillas sobre el nuevo aspecto del colegio. Dicen que así tendrían que pintarse todas las escuelas. Lea, lea.

Y le puso el periódico delante de las narices, con tanto ímpetu, que casi hace que se lo trague. Y el director leyó y leyó hasta que se supo de memoria la noticia.

Cuando el maestro Ciruela regresó a su clase, se le notaba rebosante de orgullo y euforia por el éxito logrado con su idea de remozar la valla del colegio. Los niños, que también se hallaban felices porque habían tirado de brocha a placer, esperaban algún comentario lisonjero por parte de don Teófanes. Pero solo comentó:

—Niños, la Consejería de Educación ha pedido al director que os felicite por vuestro trabajo de pintura del fin de semana. También ha sido noticia en el periódico. Bien —se ajustó la corbata al cuello y continuó—, comencemos nuestra tarea.

Acto seguido, les habló sobre las excelencias del trabajo en equipo, por lo que dispuso que se distribuyeran en grupos, a su buen criterio. Al rato, preguntó:

—¿Qué, os habéis agrupado todos por equipos? —aunque la respuesta fue afirmativa, insistió—. ¿Alguien ha quedado sin agrupar?

Óscar levantó la mano con timidez. Don Teófanes, con la frente fruncida y la contrariedad reflejada en el rostro, dio un barrido visual sobre su clase.

—¿Ah, sí? ¿Puede saberse el motivo? —interrogó, aunque daba la imagen de quien pregunta algo cuya respuesta conoce de antemano.

—Ningún equipo me ha querido.

—¿Por qué? —insistió el maestro a su clase.

Pero solo obtuvo silencio y miradas bajas como contestación.

—Os lo diré yo entonces. Porque no os gusta, porque pensáis que es un sabihondo y un pelota. Es así, ¿no? No lo neguéis, os lo he oído en más de una ocasión —los alumnos bajaron la cabeza e incluso pareció que se oyera algún débil «sí»—. No es la primera vez que lo rechazáis. De acuerdo, es vuestra voluntad y yo la acepto.

Los niños no dijeron nada ni se movieron, pero parecían avergonzados, a pesar de que daba la impresión de que sus razones eran comprendidas y compartidas por el maestro, que prosiguió:

—Y puesto que Óscar no es aceptado por vosotros ni yo puedo imponeros que lo aceptéis, voy a resolver esta penosa situación: expulsaré a Óscar de clase y de la escuela. Así la mayoría todopoderosa, que sois vosotros, quedará satisfecha.

Óscar se pegó un susto de muerte. Sintió de repente un frío horrible y que se le empañaban los ojos, que dirigió, asombrado y suplicante, hacia el maestro Ciruela. Pero un guiño pícaro de este hizo que comprendiera que algo tramaba. Sus compañeros se miraban sorprendidos, atónitos. Luego, miraron a don Teófanes con sorpresa y miedo. Pero él no pareció darse cuenta, porque insistió:

—Sea vuestra voluntad.

Las miradas se cruzaron de nuevo entre los alumnos, aunque no abiertamente, sino con cierto reparo. Se hizo un silencio terrible. Un moscardón cruzó sobre las cabezas y su aleteo se oyó como si fuera el zumbido de un helicóptero. Al fin, Víctor se levantó con timidez.

—Y digo yo... que no ha hecho nada malo para que lo eche. Si quiere puede pertenecer a nuestro equipo.

—No quiero sacrificios, está resuelto —afirmó con decisión el maestro Ciruela.

La clase se convirtió en un bosque de manos alzadas.

—Al nuestro, al nuestro... —vocearon los niños.

Don Teófanes fijó la vista en ellos y, luego, fue paseándola por el aula. De repente, cogió el borrador de la pizarra y lo lanzó hacia sus alumnos. Ellos creyeron que se había trastornado por el enfado, y se guarecieron bajo las mesas.

—¡Le he dado, le he dado! —gritó el maestro, lleno de júbilo—. Me he cargado al moscardón.

Los chavales asomaron la cabeza no

muy convencidos de que el peligro hubiera pasado. Don Teófanes continuó:

—Está bien. Puesto que todos lo queréis en vuestro grupo, que sea Óscar quien elija.

—Yo me lo pedí primero —disputó Víctor.

—En ese caso, parece justo que forme parte de vuestro grupo, si él quiere.

Óscar no solo estaba conforme, sino encantado. Sus compañeros de las mesas próximas le palmearon la espalda como si fuera el triunfador en una difícil prueba, mientras don Teófanes esbozaba una sonrisa pícara y de complacencia. Sus alumnos creyeron que iba a felicitarlos, pero solo dijo:

—Alcanzadme el borrador. ¡Jo, qué puntería!

Y sin mayores novedades transcurrió la semana. Por fin, llegó el sábado.

Sábado libre de ocupaciones porque no había clase ni tareas, ya que don Teófanes no era amigo de deberes. Raramente los ponía. Decía que llevar trabajo a casa resultaba tan absurdo como si los niños se llevaran al colegio la cama, el televisor o a la abuelita.

Víctor, César, Lucas y Luis iban de paseo, cuando se encontraron con Yolanda, Marga y Josefina, que de fina solo tenía parte del nombre, porque era redonda y maciza como una canica y con más fuerza que tres chicos juntos.

—¿Adónde vais? —preguntó Yolanda con la vista puesta en el balón que portaba Luis.

—A entrenarnos un poco —respondió Lucas.

—¿Por qué no vamos al patio del cole y jugamos al baloncesto?

Los chicos cruzaron miradas de indecisión y fastidio, quizá por darse importancia o por ese ramalazo machista que muchos chicos siguen llevando en la sangre, mezclado con los glóbulos rojos, en recuerdo de sus antepasados. Víctor dijo:

—Bueno, podemos jugar chicos contra chicas.

—No vale —protestó Marga—, seríais cuatro contra tres.

—Os damos a Lucas —propuso Víctor.

A Lucas no le gustó que lo dieran como si fuera un helado de fresa.

—¡Narices! ¿Y por qué no a ti, o a Luis o a César?

Lo echarían a suertes, resultaba lo más equitativo.

Las niñas reían pensando en lo estúpidos que son los hombres, incluso desde pequeñitos.

Cuando llegaban al colegio, vieron a Mari Luz, que venía de él.

—Ya somos cuatro contra cuatro —dijo Lucas, a quien al parecer no ilusionaba demasiado la posibilidad de formar parte del equipo de las chicas.

Mari Luz parecía excitada, pues se les acercó corriendo, como si hubiera encontrado a sus salvadores.

—Venid, rápido, veréis lo que han hecho con nuestros murales —y sus palabras estaban cargadas de enfado.

El grupo corrió hasta la valla en que habían hecho sus magníficas pinturas. Se quedaron sorprendidos cuando descubrieron que a las simpáticas caras les había crecido bigote, que las narices se habían convertido en tomates, que en los paisajes coloristas habían brotado manchas oscuras como una marea negra, además de diversos rótulos que denotaban la poca imaginación de quienes los habían escrito.

—¡Desgraciados! —gritó Víctor, lleno de indignación.

Pero lo que más les fastidió fue la

gran pintada que decía «INVÉCILES».

—Encima no saben escribir —dijo Lucas—, imbéciles se escribe con be y con hache. ¡Qué burros!

—Sin hache —corrigió Marga.

—¡Qué más da! —cortó Víctor—, lo que importa es saber quién lo ha hecho.

Todos consultaron con los ojos a Mari Luz, pero la niña se encogió de hombros. Así que dirigieron sus investigaciones hacia un grupo de niños que jugaban en un solar próximo.

—Nosotros no sabemos nada... Además, no somos chivatos —dijo un chaval pecoso y con cara de pocas confidencias.

—¿Seguro? —preguntó Luis.

—Seguro —reafirmó el de pecas.

Pero su afirmación anterior de que no eran chivatos dejaba la sospecha, casi la certeza de que sabían algo.

Víctor se metió la mano en el bolsillo y, más práctico, ofreció:

—Diez canicas.

Los chavales se fijaron con interés en las bolas de vidrio, pero el que llevaba la voz cantante insistió, aunque con menos energía:

—De verdad, no sabemos nada.

—Y dos piruletas —añadió César, que se había percatado del juego.

—Y este montón de cromos —continuó Yolanda.

Pronto supieron que los responsables del desaguisado eran chicos de otro colegio de la misma barriada, con el que existía cierta rivalidad a causa de los campeonatos de fútbol y baloncesto.

—Sé dónde suelen estar. Vamos a buscarlos y les daremos una lección —dijo Lucas.

—Eso, se van a enterar —apoyó Josefina.

No les resultó difícil localizarlos. Jugaban un partido en el enorme solar que había detrás de la iglesia y que habían improvisado como campo de fútbol. Al verlos aparecer, los chicos se echaron a reír, pero no interrumpieron su juego.

—Vamos por ellos —dijo Lucas.

Estaban llenos de rabia y decisión. Pero existía un pequeño inconveniente: sus rivales los duplicaban en número.

—Solo somos ocho —puntualizó Marga con prudencia.

—Y qué importa —insistió Lucas.

Se dirigieron hacia ellos con resolución. Los otros se dieron cuenta de la maniobra, detuvieron el juego y, como puestos de acuerdo, comenzaron a tirarles piedras y pequeños cascotes, restos desperdigados del derribo de las casitas que antes ocupaban el solar. La pandilla, cogida por sorpresa, tuvo que retroceder, pero pronto los imitaron y aquello se convirtió en una batalla campal en la que las piedras iban y venían como golondrinas asustadas. Una lucha a pedradas resultaba fuera de época y de lugar, algo inaudito en una ciudad. Pero así estaban las cosas, y en la lluvia de piedras se adivinaba quiénes llevarían la peor parte.

Poco a poco, Víctor y sus amigos perdieron terreno, acosados por sus más numerosos atacantes. Lo peor era que habían quedado acorralados contra los muros de la iglesia. Se sentían perdidos a pesar de que parecían máquinas de tirar piedras. Sobre todo, Josefina, que daba la impresión de que le habían crecido los brazos de un pulpo. Lucas era el más lento, pero el más seguro. Cada piedra que lanzaba hacía que un contrario diera marcha atrás. Sin embargo, el asunto se había puesto muy feo. Empezaron a sentir miedo de que las piedras dejaran de ser simples amenazas y se convirtieran en algo más real y dañino.

De repente, cuando se veían totalmente perdidos, repararon en que algunas de sus propias piedras eran gigantescas y rojas y que iban dirigidas con tal precisión, que siempre daban en el blanco. Tan sorprendidos se encontraban, que dejaron de apedrear a sus contrarios. Pero la lluvia de proyectiles continuaba. No, no era ninguno de ellos quien los arrojaba, venían de arriba, como caídas del cielo.

—Esto es un milagro —dijo con convencimiento Lucas.

—Serán nuestros ángeles de la guarda —añadió Marga.

—Pues nuestros ángeles tienen buena puntería, y están en la torre —apuntó César.

Entonces, vieron con horror cómo los chicos atacantes comenzaban a sangrar y a retroceder. A pesar de su enfado anterior, intercambiaron miradas de desagrado, tal que admitieran que una cosa era las pedradas, más guiadas por la ira que por la intención de acertar, y otra muy diferente que hubiera heridos. Lo extraño era que igual se teñían de rojo en la cabeza que en la camisa o en el trasero. Entonces se dieron cuenta con alivio de que no eran piedras, sino... ¡tomates!

Sus contrincantes no recibían daño alguno, pero los estaban poniendo hechos un asco, tal que se hubieran bañado en mermelada de fresa. Pronto comenzaron a replegarse frente a aquel ataque inesperado que creían procedente de sus perseguidos. Dejaron de lanzar piedras y solo se ocuparon en sacudirse la pulpa roja que los pringaba. Finalmente, como si hubieran recibido la orden de retirada, escaparon a la carrera.

Los chicos lanzaron un grito de

alegría por su triunfo. Después, se miraron alucinados.

—¿Quiénes habrán sido nuestros salvadores?

—Gente del cole —supuso Víctor—. Vamos a averiguarlo. Sé por dónde se sube a la torre.

Subieron aceleradamente los numerosos peldaños de la torre y alcanzaron el campanario, pero allí no encontraron más que unas cuantas palomas que levantaron el vuelo y unas bolsas vacías con restos de tomate.

—No es posible que hayan desaparecido tan deprisa. Nos habríamos topado con ellos. Parece cosa de magia —dijo Luis, *Ciempiés*.

—Sí, es imposible, tendrían que tener alas. A mí esto me mosquea —afirmó Víctor.

—Claro, lo que hemos dicho: ángeles.

Mari Luz se rascó la cabeza y dijo:

—Tengo una idea. Aquí al lado hay una frutería. Seguramente habrán comprado en ella los tomates. Vamos a preguntarlo.

La frutera los observó como si estuvieran chiflados. Al fin, respondió.

—No sé qué os importará a vosotros quién compra tomates. Pero ya que os ponéis tan pesados, os diré que fue un señor al que nunca había visto por el barrio. Solo sé que tenía una pinta rarísima, de lo más extravagante. Otro pirado como vosotros. Por eso, le iba a enjaretar los peores tomates, pero, como si hubiera adivinado mis intenciones, me dijo: «Eso es, distinguida dama, póngame los más pasados y estropeados». ¡Distinguida dama y los más estropeados! Si es que hay cada tipo suelto…

Cuando los niños consiguieron localizar al maestro Ciruela, se hallaba leyendo un libro, con el loro posado en el hombro y abierto el paraguas.

—¡Hola, chicos! Hace un buen día, ¿verdad? ¿Qué os trae por aquí?

—Queremos darle las gracias —contestó Yolanda.

—¿Las gracias, por qué? Si aún no he dado las notas.

—Por los tomates —dijeron a coro.

—¿Tomates? —preguntó don Teófanes con cara de extrañeza.

—¡Tomates, tomates! —repitió el loro.

—Hemos preguntado en la frutería —afirmó Josefina con seguridad.

El maestro cerró el paraguas y lo clavó en la tierra. Luego, se encaramó sobre él como si fuera un equilibrista y se ajustó el bombín con una palmada.

—No os basta con que os ayuden,

tenéis que llegar hasta el final, ¿eh? Bien, jamás habría intervenido en vuestros asuntos. Si lo hice, fue porque os encontrabais en muy desfavorable minoría. De esto, ni una palabra. Si alguien os preguntara, diréis que fue Lucas.

Lucas abrió los ojos de par en par.

—¿Yo? Claro, y los del otro colegio me zurran.

—Pues decid que ha sido el hombre invisible. De todos modos, vuestro comportamiento me ha parecido vergonzoso. No digo de la Edad de Piedra porque sonaría a chiste. Ni que fuerais salvajes.

—Empezaron los otros.

—Da igual quien empezara. Puestos a hacer el animal, podríais haberos liado a tiros —y alargó su mano con el dedo índice apuntándolos—, sí, sí, a tiros. Hubiera sido más divertido, como en esas instructivas películas que tanto os alucinan.

Los niños agacharon la cabeza avergonzados ante el rapapolvo de don Teófanes. Víctor, al fin, se encargó de justificarse:

—Es que han estropeado nuestros murales del colegio...

El maestro, de un brinco, bajó del paraguas.

—¿Que han estropeado los murales?

—Sí, los han pintarrajeado. Una broma... —dijo Luis con timidez.

Los ojos del maestro Ciruela comenzaron a girar en sus órbitas como si les hubieran dado cuerda. Se quitó el sombrero y le dio un mordisco.

—Conque una broma, ¿eh? Muy bien, vamos a devolvérsela como escarmiento, un escarmiento ejemplar. Ya se nos ocurrirá algo.

Y llegó el lunes. Los alumnos miraban al maestro Ciruela con cierta expectación. Como si esperaran algún comentario especial. Pero solo dijo:

—Portaos bien, mientras voy a ver al director.

En clase solo quedó el ruido sordo de los cuchicheos.

—Pase usted, don Teófanes —dijo el director, con cara de pocos amigos.

El maestro esbozó una inocente sonrisa y puso la misma expresión que si le fuera a contar un chiste sobre un ministro.

—¿Qué desea, don Onofre?

—Usted sabe de sobra lo que deseo.

—Pues no… ¿Acaso una nueva felicitación por la pintura de la valla?

El director se agarró con fuerza al borde de su mesa, como si pretendieran quitársela.

—¿Felicitación? ¡Escándalo! En el colegio vecino ha ocurrido algo terrible.

—Ya sé, no hay quien dé clase porque a los profesores les ha tocado la Primitiva y se han largado de vacaciones a La Almunia de Doña Godina.

—¡Déjese de bromas, algo peor! Durante este fin de semana alguien les ha tapiado la puerta. Cuando esta mañana han llegado los profesores y alumnos, como la fachada es tan uniforme, nadie encontraba la entrada... Menudo lío se ha organizado. Han tenido que llamar a los bomberos.

El maestro Ciruela soltó una carcajada y dijo:

—¿Y eso le parece terrible? A mí me parece muy divertido. ¡No encontraban la entrada...!

Y se partía de risa. El director, que lo miraba fijamente, empezó también a reír, pero se dio cuenta de que perdía su aspecto severo y se puso muy serio.

—Sí, es horrible. Y sospecho, don Teófanes, que usted sabe algo de esta pesada broma.

—¿Yo? ¿Por qué habría de saberlo?

—Me han llegado noticias de que ha sido como represalia porque alumnos de ese colegio habían estropeado los murales de la valla del nuestro.

—¿Que han estropeado los murales? Me extraña.

El director levantó la mano como si fuera a pegar un puñetazo en la mesa, pero terminó por pasársela por el cabello.

—Vamos a comprobarlo —dijo, y salió seguido del sonriente maestro—. Como sea cosa suya, haré que lo expulsen.

Cuando llegaron ante los murales, los encontraron intactos, igual que el primer día. Don Onofre se rascó la cabeza y dijo:

—Perdóneme, me han informado mal. No puede uno fiarse de lo primero que le dicen.

Entonces, metió la mano en el bolsillo, sacó algo y añadió:

—Tome, hoy los chicles los pongo yo.

Don Teófanes llegó muy sonriente a su clase. Sus alumnos lo miraron de reojo esperando que hiciera algún comentario sobre su contento, pero no dijo nada. Reanudó la clase como si tal cosa. Sólo, al rato, llamó aparte a Lucas y le dijo de modo muy confidencial:

—Ve al servicio y lávate bien las manos: las tienes aún manchadas de pintura.

6

Óscar

Óscar, serio y meditabundo, paseaba por una de las calles del barrio. Se le notaba cierta tristeza, que no podía disimular. De repente, una mano amiga se posó con afecto en su hombro.

—Buenos días, don Teófanes —saludó sin apenas levantar la vista.

—¡Hola, Óscar! Llevas más de una semana sin aparecer por clase. Y por lo que veo, no estás enfermo.

El niño lo miró suplicante, pidiendo más tolerancia que aceptación frente a su excusa:

—Es que no he podido... Se habrán

chivado en clase de que no estoy enfermo.

—No, nada me han dicho. Entre otras razones, supongo que porque no he preguntado.

Esta respuesta parece que tranquilizó a Óscar.

—Por asuntos familiares, ya sabe —añadió, sonriente—. Pero pronto volveré.

El maestro Ciruela no pareció que quedara convencido con su contestación. Lo miró con desconfianza y dijo:

—Creo que no eres sincero, Óscar. Dime la verdad de lo que te sucede.

El niño bajó los ojos y la voz.

—Es que mis padres discutieron y se enfadaron, y mi padre se ha marchado de casa.

El maestro dio un respingo.

—¡Caramba!, eso es serio. ¿Y crees que volverá?

—Creo que no, estaba muy decidido.

Se produjo un silencio largo, casi como una clase aburrida. Don Teófanes hizo que su paraguas girara en su mano como el aspa de un ventilador. Al fin, Óscar preguntó:

—¿Qué puede hacerse en estos casos?

El maestro se quedó pensativo. Luego, echó a andar y dijo:

—Demos un paseo. Mira, yo sólo soy un maestro, y no soy capaz de aconsejarme ni a mí mismo. Así que me guardaré los consejos. No obstante, quiero decirte que algunos matrimonios descubren que no se entienden y optan por la separación. No es grato, pero sí superable. ¿Quieres un caramelo? Son malos para la dentadura, pero, ¡recórcholis!, están riquísimos. No sé quién sería primero, si los caramelos o los dentistas.

Óscar cogió el caramelo y, mientras le quitaba el papel, comentó:

—Mi padre se quedó en la calle

hace cerca de dos años, cuando quebró la empresa en que trabajaba. Desde entonces ha estado buscando empleo, pero no ha encontrado nada. Hemos vivido del seguro del paro y de algún trabajillo que le salía de vez en cuando. Estaba desesperado.

—No me sorprende. Pero sigue contando.

—Como se le acaba el seguro del paro y apenas iba ya a entrar dinero en casa, mi madre le propuso, aprovechando que vivimos en una planta baja, poner una tienda en las habitaciones que dan a la calle. Pero mi padre se negó.

—¿Por qué? Creo que era una buena idea —dijo don Teófanes.

—Decía que él es delineante y que solo sirve para eso, no para tendero. Mi madre insistía y mi padre se ponía muy nervioso Yo los oí discutir algunas veces. Un día, mi padre, que estaba muy enfadado, hizo la maleta y se marchó —calló un momento, tras el que añadió—. ¿Por qué algunas personas se quejan de que tienen demasiado trabajo y otras, en cambio, no tienen ninguno? No es justo.

El maestro Ciruela le dio la vuelta al paraguas y golpeó una piedra con el mango, como si jugara al golf, antes de contestar:

—No, no lo es. Creo que se debe a que estamos un poco chalados —hizo una pausa y continuó—. ¿Y ahora cómo piensa arreglárselas tu madre? ¿Insiste en abrir la tienda?

—Qué va, hace falta dinero para preparar el local y para las mercancías. Está buscando trabajo de secretaria o mecanógrafa, que es lo que sabe, pero no es fácil encontrarlo.

—Bueno, pero tú no vas a ayudarla faltando al colegio.

Óscar se detuvo. Parecía que no encontraba una justificación razonable que ofrecer al maestro.

—Si voy al cole, los niños me preguntarán, en los barrios todo se sabe. No soportaría sus burlas con esto.

A don Teófanes no debió de hacerle gracia el argumento, porque se revolvió como si le hubieran picado en su amor propio.

—Los niños sois a veces crueles con los demás, pero no tanto, ¡caramba! Aparte, que los padres se separen o se divorcien tampoco es tan extraño. No eres el único del colegio.

—Además —añadió Óscar—, pienso ayudar a mi madre. Me va a necesitar. Si trabaja, yo me encargaré de las tareas de la casa y de la compra.

Don Teófanes se quitó el bombín y lo estrujó con rabia, como si fuera un trapo usado.

—Claro, tú en las faenas de la casa y a mí que me parta un rayo. No te fastidia... Me gustaría saber qué piensa tu madre de esto.

—Ella quiere que vaya a clase y me prepare lo mejor posible para que el día de mañana no tenga problemas con el trabajo.

—Entonces eres tú el que no tiene interés.

—Sí que tengo, y estoy de acuerdo con ella. ¿Por qué cree que me tomo tanto interés en clase y procuro portarme bien? Para sacar buenas notas y para que los profesores estén contentos conmigo. Aunque mis compañeros se burlen de mí y me llamen pelota. Veremos quién ríe más el día de mañana.

—No sé quién te habrá metido esas ideas en el coco. Para lo que pretendes no es necesario ser pelota, y un poco sí que lo eres, Óscar. Y no tienes por qué. ¡Y basta ya de charla! Te quiero ver en clase cuanto antes.

—Bueno, iré cuando pueda.

El maestro adoptó un aire autoritario, algo desacostumbrado en él, y respondió:

—Cuando puedas no, irás mañana. O te llevaré de una oreja. Y si no, mandaré un guardia en tu busca, porque, por si no lo sabes, a tu edad la enseñanza es obligatoria. Estaría bueno…

Óscar sonrió, y movió la cabeza.

—No hará falta. Iré pasado mañana, se lo prometo.

—No, mejor, prométeselo a «Parlanchín», él te pedirá cuentas si nos fallas —dijo señalándole la nariz.

El loro asomó la cabeza por el bolsillo del maestro Ciruela y gritó:

—¡Prrr… ometido, prrr… ometido!

Y sonrientes, echaron a andar calle abajo.

Al día siguiente, cuando entraron en clase, don Teófanes dio varios paseos, miró a sus alumnos y dijo:

—Óscar tiene que hacer unas reparaciones en su casa, reformar y acondicionar unas habitaciones. Más concretamente, transformarlas en tienda. Como es lógico, estaréis intrigados por el motivo, por lo que voy a explicároslo. Se trata, simplemente, de razones económicas: en su casa necesitan un nuevo sistema de vida. Hay otras, pero son personales y no nos incumben, aunque sospecho que algunos ya las conocéis. Creo que va a necesitar ayuda.

Don Teófanes pasó una mano por encima de su cabeza y se agarró la oreja del lado contrario, en una pose hasta entonces desconocida, y prosiguió:

—¿Qué opináis?

Víctor se levantó de un salto y dijo con decisión:

—Yo estoy dispuesto, haré lo que haga falta.

De inmediato se formó una algarabía impresionante. Todos los alumnos hablaban a la vez. No había forma de enterarse con aquel revuelo, pero don Teófanes no se inmutó, esperó a que se cansaran y cuando se hizo el silencio dijo:

—Muy bien, creo que entre todos podremos ayudarle. ¿Hay alguien que se niegue a colaborar? —dobló un brazo, se acarició el bíceps y añadió sonriendo—. Mejor para él.

Los niños rieron mientras el maestro se hinchaba con un pavo, lleno de orgullo.

Había llegado la hora del recreo y, sin embargo, nadie se había dado cuenta.

—El trabajo tendremos que hacerlo fuera del horario del colegio, sobre todo en los fines de semana. Creo que os resultará fácil; hay mucho que pintar, pero en eso ya tenéis bastante práctica. Además habrá que tapiar algún hueco, en lo que algunos también tenéis experiencia —dijo con un guiño pícaro.

Óscar, al día siguiente, se incorporó a clase y todos, como si se hubieran puesto de acuerdo, lo trataron como siempre. Incluso alguno de sus compañeros le llamó pelota. Aparentemente nada había cambiado.

Día a día, la casa de Óscar se fue transformando, en especial en los fines de semana que transcurrieron hasta que quedó totalmente terminada la obra de decoración. Había quedado un local muy atractivo, dentro de la sencillez y modestia. En las paredes, de tonos suaves y armoniosos, destacaban las estanterías, pintadas con colores tan atrevidos como diferentes, pero que, sorprendentemente, no desentonaban. Por el contrario, le daban un aire joven, vivo y vigoroso.

—¡Qué guay! —opinaban con orgullo los chavales.

Los tablones para los estantes los

habían conseguido en una carpintería del barrio a cambio de limpiar de virutas y serrín todo el taller. Fue un negocio que propuso el maestro Ciruela al dueño de la carpintería. ¡Menudo sábado se pegaron! Aunque fue don Teófanes quien más trabajó. Sin embargo, no pareció que le afectara, pues se pasó todo el tiempo cantando y haciéndolos reír. Les contó no menos de un centenar de chistes.

Pero lo más espectacular de la tienda era la fachada, que, con tantos colores, debía de parecer una sucursal del colegio a todo el que hubiera visto los murales de la valla.

Cuando creyeron finalizada su obra, tuvieron que volver a pintar el gran cartel que anunciaba el establecimiento porque Lucas, encargado de rotularlo, había escrito bazar con uve.

—Qué más da, la gente lo entiende igual —dijo muy convencido.

Ya solo faltaba inaugurar la tienda. Y algo más, algo esencial: las mercancías y los mostradores y demás complementos. Aquí residía el mayor inconveniente. La madre de Óscar había solicitado un crédito, pero no le habían concedido dinero suficiente.

—Si usted tuviera más capital, podríamos prestarle mayor cantidad —le había dicho el director del banco.

—Si tuviera más capital, no les pediría un crédito —fue la respuesta de la señora.

Don Teófanes, cuando lo supo, ofreció:

—No se preocupe, nosotros la ayudaremos. Conseguiremos el dinero que falta.

La madre de Óscar se negó rotundamente.

—Mire, don Teófanes, ya me opuse a que decoraran las paredes del local, y si acepté, fue porque me di cuenta de la ilusión que hacía a los niños y de lo bien que iban a pasárselo con la brocha, pero cualquier otra ayuda sería demasiado. No puedo consentirlo. Me niego. Prefiero no abrir la tienda. No aceptaré ni un euro.

—No se preocupe —dijo don Teófanes—, solo será un préstamo. Cuando gane suficiente dinero, nos lo devolverá.

La idea pareció excelente a los niños. Por eso, con no pocas dificultades, consiguieron convencer a la madre de Óscar, que puso como condición que se firmara un documento en el que se hiciera constar hasta el último euro prestado.

—Pero, ¿cómo piensa conseguir dinero? —preguntó la señora con extrañeza.

El maestro Ciruela sonrió, dio un par de vueltas al paraguas sobre su mango y respondió:

—No sé, ya nos las ingeniaremos, ¿verdad, chicos?

La afirmación de los niños fue tan grande como su entusiasmo, les salió un sí mayor que cuando les preguntaban si querían ir de excursión.

—A trabajarrr... —gritó el loro, que había sido espectador de primera fila y que, incluso, había aprendido a manejar el pincel con una pata y cierta ayuda del pico.

Al día siguiente, cuando se reunieron en clase, todos estaban pendientes del plan que deberían seguir para recaudar fondos. Don Teófanes no se anduvo por las ramas y fue derecho al grano.

—A ver, a quién se le ocurre cómo conseguir dinero.

—A mí, a mí —gritó Marcos, *el banquero*—. Le pedimos un centieuro a cada español.

—¿Un centieuro?

—Sí, un céntimo, un centavo de euro. A tan poca cantidad nadie se va a negar, y así entre todos juntamos un pastón.

—¿Y cómo se lo pedimos, por correo, yendo de casa en casa?—preguntó Marga con una lógica aplastante.

Marcos comprendió el fallo de su planteamiento. César, de repente, se animó:

—Tengo una idea: nos disfrazamos y atracamos un banco.

—Claro, y yo me disfrazo de mujer y formamos la banda de Blancanieves y los siete enanitos. No te fastidia... —dijo con burla don Teófanes.

Pero César no se rendía fácilmente.

—No pareceremos enanos si nos subimos unos en hombros de otros y nos ponemos un abrigo de nuestro padre y un pasamontañas. Con una pistola de juguete seguro que no se nos resiste ningún banco.

El maestro Ciruela movió la cabeza

de un lado a otro y dijo:

—¿Es que de entre todos no va a salir una idea mejor?

Víctor levantó una mano.

—Creo que podríamos hacer una lotería. Sí, una rifa. Como la que hicieron el año pasado los de sexto para el viaje fin de estudios, que se forraron.

—No es mala idea —admitió don Teófanes.

—¿Y qué vamos a sortear? —preguntó alguien.

—Una cesta de Navidad —propuso Víctor.

—Qué dices, tío, si falta mogollón de meses para Navidad.

—Eso no tiene nada que ver, es lo que siempre se sortea. Además, si la rifamos ahora, cuando llegue Navidad todo el mundo habrá perdido la papeleta y nadie reclamará la cesta. Así nos ahorramos comprarla. Todo beneficios.

—Este chico llegará lejos —dijo don Teófanes—. Dad alguna idea mejor.

—¡Una minicadena! —propuso Mari Luz.

—Ya, ¿y de dónde sacamos dinero para comprarla? La gente querrá verla —argumentó Josefina con bastante sensatez.

Don Teófanes la miró y se rascó la cabeza.

—Es cierto, tendremos que conseguir que nos la fíen en una tienda hasta que hayamos vendido suficientes papeletas —dijo.

Todos miraron a Lucas porque su padre era propietario de un establecimiento de electrodomésticos. El niño se encontró frente a una situación complicada y comprometida.

—Bueno, se lo diré a mi padre... ¿Y si no conseguimos vender las papeletas?

El maestro se indignó por la falta de fe en su capacidad de venta.

—¿Cómo que si no vendemos las papeletas? ¡Pobre del que le sobre alguna! Estaría bueno...

El padre de Lucas no solo accedió, sino que les regaló el aparato y también se encargó de hacerles las papeletas, que por el reverso llevarían el anuncio de su tienda.

Cuando de la imprenta llevaron los tacos de papeletas, la alegría de la clase se hizo explosiva. Todos pensaban vender un montón. Vamos, que les iban a faltar números.

En las papeletas ponía con letras enormes: «Gran sorteo benéfico».

—Nos pueden meter en la cárcel. Es mentira que sea benéfico —dijo Hugo.

Don Teófanes, que era el autor del texto, no se asustó. Respondió:

—No decimos a beneficio de quién, y que yo sepa de momento es a beneficio de Óscar. Más adelante, cuando su madre nos devuelva el dinero, si os parece, podemos entregarlo a la residencia de ancianos que hay enfrente del colegio.

El razonamiento y la propuesta fueron aplastantes. Si alguna duda existía entre los alumnos, quedó totalmente disipada.

—Sin embargo —continuó el maestro Ciruela—, sí hay algo que está mal: no hemos pedido permiso al director.

La contrariedad se reflejó en el rostro de los niños. Temían que su esfuerzo resultara baldío.

Don Teófanes cogió un taco de papeletas y fue a ver a don Onofre con tan terrible cometido.

Como tardaba en salir del despacho, los niños comenzaron a impacientarse.

—¿Qué estará pasando?

—Seguro que se niega. Vaya una faena —dijo Víctor.

César sonrió y guiñó un ojo antes de proponer:

—Si me aupáis, me asomaré por la ventana.

Todos se ofrecieron. Hacer de espías siempre es interesante, y más en un asunto tan vital como el que los inquietaba.

El ojo de César apareció en un ángulo de la ventana sin que don Teófanes ni don Onofre se percataran.

—¿Qué hacen? —preguntó Hugo con ansiedad.

—El director está negando con la cabeza, mientras don Teófanes lo abanica con el taco de papeletas.

—¿Qué más?

—Ahora don Onofre se ha levantado, da la vuelta alrededor de la mesa y... ¡viene hacia aquí!

César cayó rodando porque todos los que lo sujetaban emprendieron una rápida huida.

—¡Cobardes, gallinas! —chillaba sin parar de correr—. ¡Miedicas!

Cuando, al fin, el maestro Ciruela apareció, los niños observaron su cara seria, que solo se movía al ritmo con que masticaba una pastilla de chicle. «Mal asunto, ni siquiera trae las papeletas», pensaron. Pero ninguno se atrevía a preguntar. Por fin, lo hizo Víctor.

—No lo ha convencido, ¿verdad?

Don Teófanes fijó en él sus ojos extrañamente inexpresivos, explotó un globo y, al fin, contestó con una sonrisa:

—Claro que sí. Y además le he vendido todo el taco de papeletas.

7

Persecución

El resultado de la rifa no pudo ser más satisfactorio. Lograron vender todas las papeletas, con lo que reunieron parte del dinero que le faltaba a la madre de Óscar para la compra de mercancías. El destino, a veces juguetón y travieso como un niño de dos años, quiso que el afortunado en el sorteo fuera Lucas. Aunque también puede que la probabilidad tuviera algo que ver, porque su padre era quien más papeletas había adquirido. Lo cierto fue que la minicadena retornaba a su propietario. ¡Menos mal que el sorteo fue en combinación con la lotería nacional!, si no, más de uno habría pensado que había habido trampa.

El padre de Lucas dijo que no podía aceptar un premio que él mismo había donado, así que regalaba la minicadena para la clase. La noticia fue acogida con entusiasmo. Marcos, *el banquero*, tuvo una idea:

—¿Por qué no la volvemos a sortear? Con lo que sacáramos, podríamos comprarnos juegos y chucherías.

Hay veces en que un abucheo resulta no solo oportuno sino necesario. Y en esta ocasión lo fue.

Pero no solo obtuvieron dinero con la rifa. Una obra de teatro, que tenían prácticamente ensayada, la representaron en el colegio y en un local que les cedió el centro cultural del barrio. Aunque la entrada la cobraban barata, sacaron un buen pellizco. Como eran expertos en pintura, también consiguieron que les encargaran el encalado de la valla del campo de fútbol de la barriada. Con todo esto y con otros pequeños trabajos lograron reunir un considerable montón de euros.

Como la apertura de la tienda se estaba demorando, don Teófanes juntó a sus alumnos a la salida de clase y les habló:

—Creo que ya tenemos dinero suficiente. Con lo nuestro y con el crédito, la madre de Óscar podrá abrir su tienda. Así que iremos a entregárselo esta misma tarde.

Cerca ya de la casa de Óscar, el maestro se detuvo y, señalando a Hugo, dijo:

—El dinero lo entregarás tú en nombre de todos.

Sonia, rubia, pizpireta y amiga de ser el centro, protestó:

—Jo, ¿por qué él?

—Porque Hugo es el más pequeño de clase. ¡Ah!, y las protestas por escrito —respondió don Teófanes en plan burlón.

Y entregó el sobre con el dinero al

niño. Los demás se le acercaron, atraídos por lo que para ellos constituía una fortuna y el premio a su esfuerzo. En medio del barullo, Hugo vio cómo el sobre desaparecía de sus manos.

—Dadme el dinero, tíos —protestó—, tengo que entregarlo yo.

Todos rieron al ver su cara de enfado y siguieron la broma. Don Teófanes tuvo que poner paz.

—Está bien, devolvedle el dinero.

Pero nadie lo tenía.

—Dejaos de bromas —insistió el maestro.

En esto, observó que tres jóvenes de pinta extraña corrían hacia la boca del metro. Uno de ellos llevaba el sobre en una mano.

Los niños acudieron al lado de don Teófanes, con el miedo y la rabia dibujados en el rostro.

—Hay que perseguirlos —dijo el maestro Ciruela.

Todos querían ir.

—Sois demasiados, no llevo encima dinero para tantos billetes y, además, perderíamos mucho tiempo en la taquilla. Acompañadme solo unos pocos.

Irían Víctor, Lucas, Yolanda, Josefina, Mari Luz y César. Un equipo demasiado joven para enfrentarse a los tres presuntos delincuentes.

—De prisa, de prisa —apremiaba el maestro—, que se nos escapan.

Cuando llegaban al andén, el tren anunciaba su partida con un silbido ronco y cascado. Aún les dio tiempo de ver cómo los tres supuestos ladronzuelos se subían en uno de los vagones centrales. Ellos, sin dudarlo, los imitaron y se metieron en tropel cuando las puertas comenzaban a cerrarse. El tren arrancó suavemente y ellos se asomaron por las ventanillas, llenos de ansiedad. Los viajeros observaban con atención a don Teófanes como si fuera un extraterrestre, tal vez por lo que de extravagante, extraordinario y extraño tenía su figura, y se dieron un susto cuando gritó:

—¡Se han bajado!

Así era, habían sujetado las puertas y saltado en marcha. Algo tan simple que incluso a los guionistas de las series baratas de televisión se les ocurre. Estaba claro que habían descubierto que los seguían. Ahora corrían por el andén muertos de risa.

El maestro no lo dudó: tiró de la alarma. El tren, que aún no había cogido velocidad y solo estaba medio metido dentro del túnel, se paró en seco. El vagón en que viajaban estaba fuera del túnel, por lo que don Teófanes intentó abrir las puertas. Pero era imposible.

Pasaron unos instantes, que se hicieron larguísimos, hasta que un empleado, que recorría el tren de vagón en vagón, llegó al coche en que ellos viajaban.

—¿Qué ocurre? —preguntó.

—Que un chiflado ha tirado de la alarma —dijo un señor de esos que todo lo saben, que todo lo juzgan, que siempre se equivocan.

—No hay derecho —protestó una señora de las que creen que los únicos derechos son los suyos.

El empleado se acercó a don Teófanes, a quien todos los viajeros miraban acusadoramente, y le advirtió muy enojado:

—¿No sabe que no se puede utilizar la alarma sin motivo justificado?

—Es que ellos se han bajado —respondió el maestro, lleno de nerviosismo.

El empleado lo miró de arriba abajo y añadió:

—¿Y porque se hayan bajado ha tirado usted de la alarma? Ese no es motivo. Tendrá que pagar una multa.

—Es que nos han robado nuestro dinero —gritaron los niños a coro.

—¿Mucho? —preguntó alguien.

—Sí, muchísimo.

Los pasajeros empezaron a hablar atropelladamente. Un señor se acercó al empleado y le dijo:

—Que les hayan robado no es motivo justificado.

—Lo es, lo es —vociferó la mayoría de los pasajeros.

El empleado se acobardó.

—Bien mirado, sí es motivo, ¡qué caramba! —admitió.

—Tenemos que alcanzarlos. Tiene que abrirnos las puertas.

El hombre de uniforme dudó, pero al fin dijo:

—No debería hacerlo, pero las abriré.

Desapareció por la puerta que comunicaba los vagones. Instantes después el tren retrocedió lo andado y se abrieron las puertas. Se armó un revuelo increíble. Todo el mundo comentaba y preguntaba. Un hombretón con aspecto de jubilado, aunque no de anciano, se acercó a don Teófanes.

—Yo los he visto bajarse. Los conozco de vista, no son buena gente. Se dice en nuestro barrio que son descuideros, rateros, ya me entiende. No los alcanzarán. Pero sepan que viven en una casucha en un descampado que hay a un kilómetro del final de esta línea. Avisen a la policía si quieren recuperar su dinero.

—Después, después —dijo don Teófanes—, cuando lleguemos al final de la línea.

El metro partió de nuevo con don Teófanes y los niños a bordo. Durante el viaje, el hombretón les dio toda clase de detalles para que pudieran localizar el refugio de los tres maleantes.

Cuando llegaron a la última estación, Víctor preguntó:

—¿Vamos a avisar a la policía?

—Ni hablar —contestó don Teófanes, si avisáramos a la policía, vendría con sus sirenas y los ladrones escaparían.

—Además, si no hay pruebas, los sueltan a los cinco minutos y te quedas sin tu dinero. Bueno, eso se lo he oído decir a un amigo de mi padre que de eso sabe un montón porque trabaja en un juzgado —dijo Josefina.

—Recuperaremos el dinero nosotros —decidió el maestro.

Los niños no estaban muy convencidos ni se sentían con el suficiente valor, pero los animó la decisión del maestro Ciruela.

Llegaron cerca de la casucha cuando ya había anochecido. Una débil luz escapaba por las ventanas del ruinoso edificio de una planta, sin duda abandonado desde hacía mucho tiempo.

Don Teófanes se colgó el paraguas del cuello y se frotó las manos como si tuviera frío. Dijo:

—No habrá que esperar. Parece que ya han llegado. Deben de haber cogido un taxi. Con el dinero de otro ya se puede... Pero mejor, mucho mejor.

Se subió los pantalones hasta la mitad del pecho, se rascó la cabeza y echó a andar muy silenciosamente. Los niños lo seguían con la sensación de que las piernas se les habían hecho pesadas, a la vez que temblorosas. Las chicas se agarraban a la falda de Josefina, que no parecía que tuviera miedo. Lucas, en voz baja, preguntó:

—¿Cogemos piedras y palos?

Don Teófanes negó con la cabeza, e iba a seguir su marcha cuando se oyó un ruido extraño, como si alguien se acercara.

—Agachaos y no os mováis. Si es un compinche, estamos perdidos si nos ve —dijo en un susurro don Teófanes.

Una figura enorme se acercaba con cautela en dirección hacia la casucha. De repente, giró y se encaminó hacia donde se encontraban el maestro Ciruela y los niños.

—Estamos perdidos, nos ha visto —dijo el maestro.

—Me estoy haciendo pis —dijo César en voz baja.

—Ahora no es momento, aguanta. Vosotros no digáis nada. Ya se me ocurrirá alguna excusa para justificar nuestra presencia.

—Podemos decir que estamos buscando setas —propuso Mari Luz.

—Cómo vamos a buscar setas de noche —respondió Yolanda.

—Pues gamusinos, o un tesoro —insistió Mari Luz, dispuesta a estar buscando algo como excusa.

Al fin, la figura estuvo suficientemente cerca como para distinguir sus facciones: era el hombretón del metro.

—Qué susto nos ha dado. ¡Uf!, creímos que era un compinche de los ladrones —dijo con un suspiro el maestro Ciruela.

—Pues yo, al principio, como estaban agachados y con la oscuridad, creí que eran gallinas.

Los niños se echaron a reír.

—Un poco gallinas sí que éramos —dijo Víctor.

—¡Chist...!, no alborotéis, a ver si nos van a oír —dijo el hombretón—. Yo he venido a ayudarlos. Usted sólo con estos niños nada podría contra estos maleantes.

—¿Y cómo es que ha decidido ayudarnos? —preguntó don Teófanes.

—Porque me lo pide el cuerpo. Verá yo he sido guardia civil y ahora estoy jubilado. Me llamo Pablo Ruiz.

—¿Como Picasso? —preguntó César haciéndose el interesante.

—No como mi padre, que en paz descanse.

—Y yo soy el maestro de estos niños. Teófanes Ciruela. Le explicaré el plan que había pensado, a ver qué le parece a usted que tiene mayor experiencia.

Cuando el maestro en voz baja le expuso su estrategia, el hombretón sonrió:

—Oiga, usted en vez de maestro tendría que haber sido policía. Me parece una buena idea. Habrá que echarle imaginación. Otra cosa sería si yo tuviera mi pistola...

Entonces, don Teófanes se volvió a los niños, que estaban intrigados por lo que hablaba con Pablo Ruiz, y les dijo:

—Vosotros haréis solamente lo que voy a explicaros.

Y les dio una serie de instrucciones, después de las cuales los niños se sintieron con la decisión y arrojo de un detective de serie de televisión.

Los tres rateros estaban sentados a una mesa vieja y destartalada.

Se alumbraban con una lámpara de butano y bebían a morro unas cervezas, cuyos envases tenían más polvo que un paisaje del desierto de Almería. Uno de ellos contaba el dinero entre risotadas.

—Se ha dado bien el día, ¿eh?

—Y además, facilón —dijo otro.

—Con niños ya se puede —añadió el tercero.

—Mira quién fue a hablar, el especialista en mangar al tirón el bolso a las viejas...

—Colega, ten cuidado con lo que dices, que saco la pipa y monto una de indios y vaqueros.

De repente, el cristal de una ventana saltó en pedazos y asomó la fea boca de un fusil, al tiempo que una voz recia y potente recomendaba:

—¡Policía! ¡Quietos donde estáis, y las manos bien altas!

Los tres maleantes dieron un brinco, dispuestos a escapar o a refugiarse en cualquier rincón para defenderse, pero, acto seguido, las otras ventanas se rompieron con estrépito. Una voz poderosa y distinta sonó a la espalda de los delincuentes.

—¡Alto a la guardia civil! ¡Ay del que se mueva!

—¡Rendíos! —exigió alguien con energía.

El maestro Ciruela corría de ventana en ventana alrededor de la casa. Apuntaba con su paraguas y sacaba voces distintas, como si se tratara de un gran imitador, mientras los niños, que ocupaban las ventanas, mostraban trozos de tubería que habían encontrado en los alrededores, pero que en la oscuridad parecían negras bocas de pistola. Daba la impresión de que un ejército de policías rodeaba la casa.

Los ladrones levantaron las manos y no se atrevían a moverse, confundidos y asustados.

—¡Al suelo! —gritó don Teófanes.

Los maleantes obedecieron, y él cambió de posición y con otra voz muy dura añadió:

—No dispares, Rátigan.

En lo de Rátigan debió de inspirarse en alguna película policíaca, seguramente para impresionar.

Los tres jóvenes delincuentes se taparon la cabeza con los brazos, como si se quisieran proteger de posibles disparos.

Don Teófanes sacó una voz autoritaria, de jefe, para ordenar:

—¡Átalos, Rátigan!

Inmediatamente, Pablo Ruiz abrió la puerta de una patada y se introdujo en el interior de la casucha, provisto de rollos de alambre y de un grifo, que usaba como si fuera una pistola y que realmente en la penumbra daba el pego. Suerte tuvieron de que en los alrededores de la casa existiera una especie de almacén de chatarra.

Ató al primero de los sorprendidos maleantes que temblaba ostensiblemente. Cuando iba a repetir la acción con el segundo, este se movió, como si tratara de defenderse. Una voz dura e inflexible llegó de una ventana.

—Al que se mueva, lo frrr... ío.

El loro era un gran dominador de la palabra y, por lo que se veía, también había aprendido el lenguaje de las películas.

El que intentó defenderse, del susto, se había quedado como una estatua, por lo que Pablo no tuvo dificultad en atarlo. Igual sucedió con el tercero, que estaba dentro de un charco pues se había orinado de miedo.

Don Teófanes cogió el sobre con el dinero y, cuando lo contaba, el loro dio una volada y se posó sobre su hombro. Uno de los ladrones, al oír el aleteo, intentó volverse, a pesar de que se encontraba boca abajo, pero el loro lo dejó petrificado cuando repitió:

—Al que se mueva, lo frrr... ío.

Don Teófanes hizo un gesto y todos salieron con rapidez de la estancia.

—Volvamos a casa —dijo a los niños—, ya tenemos el dinero. Y a usted, Pablo, no sé cómo agradecerle su colaboración. Sin ella no creo que hubiera podido recuperar este dinero que han recolectado los niños para un buen fin.

Pablo Ruiz sonrió y dijo:

—No tiene importancia. Me ha hecho recordar tiempos pasados. Claro que jamás me había enfrentado a maleantes armado con un grifo y protegido por un loro y una pandilla de niños. No se lo iba a creer mi capitán si se lo contara.

Al llegar junto a la boca del metro, el maestro se metió en una cabina telefónica e hizo una llamada.

—¿Qué ha dicho la policía?

—Que un coche parte hacia acá.

Se tomaron un respiro junto a la

entrada del metro. Al instante empezó a oírse a lo lejos una sirena.

—Vaya, para que digan que siempre llega tarde —dijo don Teófanes al oírla, y añadió—. Vamos al metro. Prefiero no dar explicaciones.

—Yo tampoco. Si mi hija se entera de esta aventura, me la cargo. Por el corazón, ya sabe, que lo tengo averiado. Como vivimos aquí al lado, seguro que habrá oído la sirena y estará intranquila.

Cuando salieron a la superficie en la estación de su barrio, los restantes alumnos de la clase estaban aguardándolos sentados en los peldaños de acceso.

—¿Qué hacéis aquí?

—Esperando —dijo llanamente Luis.

—¿Se ha recuperado el dinero? —preguntó Marga.

—Aquí está prácticamente todo —contestó don Teófanes, a la vez que mostraba el sobre.

Un viva jubiloso escapó de la garganta de aquellos niños, ahora felices.

—Pero ¿os habéis dado cuenta de la hora que es? Vuestros padres deben de estar alarmados.

Y no se equivocaba. Cuando divisaron el colegio, observaron que tenía las luces encendidas y había gente a la puerta. Allí estaban todos los padres, que, al descubrirlos, se pusieron a vociferar. Cuando se acercaron, a quienes más chillaron fue al maestro Ciruela y a don Onofre, que también se encontraba allí, claro. Con el griterío apenas se entendía lo que decían, aunque de vez en cuando podían oírse expresiones tan originales como:

—No hay derecho.

—Es intolerable.

—No sé adónde vamos a llegar.

—La culpa es del gobierno.

El director acalló a todos y dijo:

—¿Han visto, señoras y señores, como no pasaba nada? Hicimos bien en no avisar a la policía. Ya se lo dije, estaban con don Teófanes.

—Esto no puede quedar así —chilló uno de los padres—. Hay que tomar medidas enérgicas.

—Sí, sí —apoyaron otros.

—Hay que pedir que el maestro sea expulsado —exigió una madre enloquecida—. No se puede tolerar que nos haya dado este susto. Creíamos que nuestros hijos habían sido raptados.

Don Onofre frunció el ceño y dijo:

—Señores, no saquemos las cosas de quicio. Esto no volverá a repetirse. Pero quiero advertirles que don Teófanes Ciruela es un gran maestro. Sus hijos han progresado en sus estudios y en sus relaciones, como habrán podido comprobar. Debo, incluso, admitir que es el quinto curso mejor preparado de cuantos he conocido en los años que llevo en este centro. No creo, por tanto, que debamos hablar de medidas tan severas.

Pero la señora era más dura de pelar que una gallina vieja.

—Comprendo que usted trate de defenderlo, pero si no da queja de él, la daremos nosotros —chilló, haciéndose portavoz de los demás. Sin embargo, apenas tuvo apoyo.

El loro asomó la cabeza por el bolsillo de don Teófanes y gritó:

—¿Es que hay una fiesta?

La airada señora se pegó un susto de infarto. El director le dio una palmada en la espalda para tranquilizarla y admitió de no muy buena gana:

—Está bien, mañana informaré al delegado de la Consejería de Educación.

Los padres, con sus respectivos hijos, emprendieron el regreso a sus hogares. La madre de Óscar se acercó a don Teófanes y le susurró:

—No se preocupe, no pasará nada. Cuente con mi apoyo.

El maestro sonrió beatíficamente, como si aquella guerra no fuera con él, se encasquetó el bombín y, con disimulo, metió el sobre del dinero en el bolso de la señora.

El director se acercó a don Teófanes, lo cogió nerviosamente de un brazo y le dijo:

—Usted se ha propuesto acabar conmigo.

El maestro, con la sonrisa en la boca, fue a contestar algo, pero don Onofre le cortó con mal humor:

—Y no quiero ningún chicle.

8

¡Vaya un lío!

A la mañana siguiente los niños se incorporaron a clase, pero no los esperaba, como de costumbre, el maestro Ciruela sino el director. Hubo gestos de asombro y preocupación, aunque no se atrevieron a preguntar.

El director les ordenó con una seña que se sentaran. Tosió, se metió las manos en los bolsillos, las sacó, arrugó la nariz y, al fin, dijo:

—Esta mañana no se ha presentado don Teófanes. Resulta extraño, no sé qué puede haberle ocurrido. Tal vez tenga un resfriado... Los resfriados son frecuentes en esta época del año. En invierno hace más frío que en verano —a César se le escapó una risita ante tan perogrullesco razonamiento. El director se dio cuenta, pero disimuló, aunque con bastante nerviosismo—. Claro que es posible que aparezca en cualquier momento. ¿Alguna pregunta?

Los niños se quedaron extrañados, pues poco podían preguntar sobre aquel discurso vacío. Don Onofre sacó un lápiz y lo chupó antes de continuar.

—Bien, de todos modos hay algo que debo comunicaros: aunque don Teófanes venga, no seguirá al frente de esta clase.

Lo dijo con miedo, como quien toma una decisión difícil. Los alumnos clavaron en él sus ojos e hicieron que palideciera.

—Sí, ya no se ocupará más de esta clase. Los responsables de este centro de la Consejería de Educación, con quienes he hablado a primera hora, han ordenado su traslado a otro colegio. Doña Porfiria se hará cargo de vosotros hasta que llegue el nuevo maestro, que probablemente se encuentre aquí dentro de un par de días.

El silencio de la clase era tan grande como en un día de vacaciones. Don Onofre, cabizbajo, se encaminó a la puerta. Antes de salir, se volvió.

—Tampoco yo quería...

Pero no acabó la frase.

Al poco rato, doña Porfiria se presentó en el despacho del director con grandes muestras de excitación.

—¡Onofre, los niños se han escapado!

—¿Qué niños?

—Los del maestro Ciruela.

El director pegó un salto y salió corriendo, seguido de doña Porfiria, que gritaba:

—¡Esto ocurre por darles tanta confianza! ¡Desagradecidos, desagradecidos!

Cuando el director cruzó el umbral

del colegio se encontró con que los alumnos de quinto estaban sentados a la puerta.

—¿Qué hacéis aquí? Es hora de clase.

Víctor se puso de pie y dijo como si recitara una lección:

—Si no es con el maestro Ciruela, no entraremos en clase.

—Pero si no ha venido… —justificó el director.

—Usted ha dicho que va a ser trasladado a otro colegio —respondió Víctor.

—Son órdenes de la Consejería de Educación.

Víctor adoptó una postura de dignidad. Parecía que de golpe se hubiera hecho unos años mayor.

—Pues dígale a los de la Consejería que no entraremos en clase si no es con el maestro Ciruela.

Doña Porfiria, con los ojos muy abiertos, miró al director y le pinchó:

—¿Has oído, Onofre?

—He oído, Porfiria, he oído. Y vosotros, por favor, volved a clase. Veremos qué se puede hacer.

A Víctor debió de parecerle que la promesa del director equivalía a tanto como a decir «no se puede hacer nada», como siempre que se dice esa frasecita tonta, porque se sentó entre sus compañeros.

—¿Os declaráis en huelga, entonces?

Hubo un sí discreto y respetuoso, pero firme. Doña Porfiria pegó un gritito y exclamó:

—¡Una huelga de niños!, ¡el acabose!

Don Onofre la miró desconcertado y le ordenó:

—Porfiria, cállate, por favor —y se dirigió de nuevo a los chavales—. Está bien, tendré que comunicárselo a vuestros padres.

Al poco tiempo, las madres de los

niños y algunos padres llegaron a la puerta del colegio. Estaban muy enfadados, pero los niños no se asustaron. A todos explicaron el motivo de su decisión y la causa de que el día anterior regresaran tan tarde, aunque la mayor parte de los padres ya lo sabía.

Hubo quienes no lo aceptaron y les montaron un número a sus hijos, y otros, los menos, se los llevaron a casa, pero la mayor parte comprendieron sus razones, aunque todos insistieron en que deberían entrar en clase. Los niños persistieron en su negativa.

—Pues que venga el maestro Ciruela…

—No sabemos dónde está —dijo el director.

—¿Qué podemos hacer? —preguntó una de las madres.

—Dejarlos, dentro de un rato se habrán cansado —propuso don Onofre.

Pero se equivocó, no se cansaron. Además, a la hora del recreo se les unieron otras clases. El asunto tomaba camino de convertirse en una huelga de todo el colegio.

Doña Porfiria volvió a la carga:

—Es inconcebible, ¡una huelga de niños! No hay derecho.

Víctor se levantó y respondió:

—El mismo que para una huelga de profesores.

En vista del cariz que tomaban los acontecimientos, el director determinó suspender las clases y mandar a un bedel a que buscara al maestro Ciruela.

La noticia de la suspensión de las clases corrió velozmente por el barrio, por lo que los padres se apresuraron a ir a la escuela en busca de sus hijos, aunque una parte de los alumnos regresó a casa por propia iniciativa.

A la mañana siguiente, don Teófanes sin aparecer. Las puertas del colegio se abrieron nuevamente, como si nada hubiera ocurrido. Sin embargo, los maestros estaban nerviosos. El director no paraba de hablar por teléfono, que sonaba y sonaba continuamente como si le hubieran dado cuerda. Y es que la noticia había saltado a la prensa y a la radio.

Los niños acudían en bloque hacia el colegio, pero cuando llegaban ante él, se sentaban a la puerta. Ni uno solo había entrado, y lo que era más grave, se les habían unido otros del colegio vecino. Entre ellos, los que habían destrozado los murales, sin que siquiera sospecharan que su protesta era a favor de quien los había pringado de tomate. Aunque era previsible que habrían actuado igual si lo hubieran sabido.

Al director lo traían loco entre los padres y las llamadas telefónicas, y para colmo, habían llegado varias personas de la Consejería de Educación, a quienes lo que más les preocupaba era la repercusión política de los acontecimientos. Todo era consultas, idas y venidas y proposiciones; nervios, en suma. Pero los niños seguían firmes en su actitud.

Alguien de la Consejería decidió dirigir unas palabras a los niños, y algunos padres no quisieron ser menos. Los niños, como respuesta y quizá como única salida, se pusieron a corear: «¡Ciruela, Ciruela...!».

Se organizó un barullo impresionante, en el que cada cual trataba de imponer su voz. En medio del follón, un par de coches de policía se abrieron paso con sus locas y chillonas sirenas, lo que produjo un movimiento de desconcierto y sorpresa, que, luego, se convirtió en temor.

De los coches bajaron varios hombres: unos, de paisano, y otros, de uniforme. Los maestros se apiñaron junto al director, que aseguró:

—Tranquilos, no pasará nada.

Los niños también estaban asustados, pero como eran muchos, se sentían amparados.

Los policías avanzaron hacia el grupo de maestros. Cuando estuvieron cerca, uno de los que vestía de paisano, escaso de pelo, tripudo y con un bigotito que parecía una procesión de hormigas, dijo:

—Hemos leído en el periódico que hay una huelga de estudiantes y enseguida hemos acudido para…

Doña Porfiria, sorprendentemente, no lo dejó terminar:

—¿Se atreverán a enfrentarse a unos niños? —cogió un palo que sujetaba la cancela y amenazó—. Al que se atreva a acercarse a ellos le arreo un estacazo.

Los niños aplaudieron, lo que hizo que ella se animara.

—Muévanse y les dejo el coco como un pastel de piñones.

El policía del bigotito se echó a reír y dijo:

—Tranquilícese, señora, no vamos a enfrentarnos a nadie. Hace dos noches, alguien nos llamó para decirnos que habían dejado atados a tres delincuentes en una casa abandonada. Fuimos a comprobarlo, convencidos de que se trataría de una broma, pero no lo era. Encontramos a tres delincuentes habituales, con montones de delitos a sus espaldas, a quienes no había forma de que les echáramos el guante. En la casucha en que vivían, descubrimos multitud de objetos robados, que creemos prueba suficiente para que los manden un tiempo a chirona.

—¡Si no los sueltan al día siguiente! —gritó una señora, que estaba muy quemada porque, según se supo, le habían robado varias veces.

Otras personas la apoyaron con gestos y comentarios.

—Mire, señora, eso ya no depende de nosotros. Nosotros si estamos aquí es porque el autor de la llamada no se identificó y nos quedamos sin poderle agradecer su colaboración. Hoy, cuando hemos leído la noticia sobre la causa de lo que aquí ocurría, hemos descubierto quién hizo la llamada y quiénes nos habían hecho tan gran servicio. Por eso estamos aquí, para hacer unas preguntas al maestro Ciruela y para dar las gracias a él y a los niños que hicieron posible la captura de los tres maleantes, lo que hacemos públicamente.

Víctor se adelantó unos pasos y voceó:

—También ayudó un señor que de joven había sido guardia civil y que llevaba una pistola que parecía un grifo. Se llama Pablo, pero no sabemos dónde localizarlo.

Lo que había sido miedo se convirtió de repente en alegría colectiva, y se produjeron emotivos aplausos. El director se puso tan contento como si hubiera ganado una batalla. Se acercó al policía y le dijo:

—Mire usted, lo que acaba de

referirnos nos alegra mucho y nos llena de satisfacción. Los niños nos habían contado esa historia, pero creímos que la habían exagerado para justificar el retraso de aquella noche. Todo queda aclarado. Lo único que lamento es que el maestro Ciruela no se encuentre aquí para recibir su felicitación. Ignoramos su paradero.

Uno de los representantes de la Consejería de Educación saludó al policía y dijo bien alto para que todos lo oyeran:

—El maestro Ciruela no será trasladado. Al contrario, recibirá también nuestra felicitación.

Se produjeron nuevos aplausos, que el representante agradeció elevando los brazos. Era claro que aspiraba a un puesto político.

—Hasta que regrese don Teófanes —continuó el director—, doña Porfiria será la profesora de quinto.

Después de la encendida y valiente

defensa que doña Porfiria había hecho, los niños estaban encantados de tenerla de maestra provisional.

Cuando renació la calma, la madre de Óscar se acercó al director y le dio un papel.

—Tome, don Onofre, esto es un recibo en que reconozco una deuda al maestro Ciruela y a su clase. En cuanto pueda, les devolveré el dinero. ¡Ah!, y si lo ve, dígale que la semana próxima abro la tienda. Los espero a él, a su clase y a usted en la inauguración.

Al cabo de varios días, la tienda de Óscar fue inaugurada a bombo y platillo. Una gran fiesta de apertura, en la que los alumnos de quinto curso fueron los protagonistas, los invitados de honor. También asistieron doña Porfiria y el director, además de algunas personas del barrio. Solo hubo una ausencia que se notó y restó alegría al acontecimiento: la de don Teófanes Ciruela.

BAZAR

Los niños estuvieron durante toda la celebración con la esperanza de que en cualquier instante apareciera la figura ahora familiar del hombre del bombín, los pantalones blancos, la chaqueta roja y el paraguas multicolor, la ya nada extravagante figura del maestro Ciruela.

Pero fue una espera inútil. A don Teófanes parecía que se lo hubiera tragado la tierra. Nadie había logrado dar con su paradero. Ni siquiera los policías que fueron a felicitarlo, quienes averiguaron que el día de su desaparición había abonado su cuenta en la pensión en que se hospedaba. Eso descartaba la teoría de Mari Luz y Marga de que había sido secuestrado.

Las clases continuaron con doña Porfiria al frente, que cada vez se mostraba más animada y tolerante, como si hubiera descubierto que el aprecio de sus alumnos fuera el mayor estímulo y recompensa. Incluso un día trató de subirse al armario, como hiciera don Teófanes, pero no consiguió llegar más arriba de la mesa. Parecía que el recuerdo del maestro Ciruela se mantenía vivo.

Don Onofre no decía nada, pero se pasaba el tiempo de los recreos masticando chicle y admirando la valla multicolor del colegio. A la señora Tomasa más de una vez la descubrieron bailando por los pasillos. Todos daban la impresión de que echaban de menos a don Teófanes. Pero los niños de quinto curso eran quienes más lo extrañaban. De él habían aprendido muchas cosas, que seguían poniendo en práctica cada día, aunque había algo insustituible: su alocada y extravagante forma de ser. Su presencia, en suma.

El sentimiento oscuro de que el maestro Ciruela no regresaría jamás comenzaba a extenderse por la clase.

Óscar, los sábados y también después de clase, solía ayudar a su madre en las tareas de la tienda. Un sábado, al regreso de uno de sus recados, se encontraba a la puerta de la vieja zapatería de Matías, remendón de siempre del barrio, contemplando con embeleso las locas piruetas del canario del zapatero, cuya jaula colgaba en la fachada más por amor al pajarito que como reclamo publicitario. De repente, sintió que una mano amiga se apoyaba con afecto en su hombro. El contacto de la mano conocida hizo que diera un respingo de alegría, y se volvió con los ojos iluminados por la emoción.

—¡Papá! —dijo con un grito de júbilo, que produjo que el pájaro revoloteara sobresaltado.

El saludo afectuoso y cálido del padre se cerró con una pregunta:

—¿Qué tal van las cosas, hijo?

—Bien, muy bien. Hemos abierto la tienda.

—Lo sé, he estado observándola desde la acera de enfrente antes de venir en tu busca.

Óscar, súbitamente, se puso serio y preguntó a su vez:

—¿Y mamá?

El padre bajó la vista, como si estuviera en un apuro, y respondió:

—Antes he querido hablar contigo —hizo una pausa larga y continuó—. Todos a veces cometemos tonterías, quiero decir que metemos la pata. Por eso, quiero saber si me perdonas.

Óscar agachó la cabeza y contestó:

—¡Qué cosas dices, papá!

Su padre le pasó con fuerza la mano por el pelo y sonrió.

—Con tu perdón, a tu madre le será más fácil hacerlo. ¿Vamos a casa?

El niño, al contestar, sintió una alegría hasta entonces nunca experimentada, mayor que cuando su padre le proponía asistir al partido de fútbol de su equipo favorito.

—Sí, vamos.

Padre e hijo, como dos viejos amigos que se hubieran reencontrado, caminaron por las calles de siempre, que ahora parecían más alegres y bulliciosas, como llenas de fiesta. Óscar preguntó:

—¿Te quedarás?

—Claro que sí. Creo que comerciante es un oficio tan digno como el que más. Trataré de hacerlo lo mejor que pueda. Bueno, si me aceptáis como socio en el negocio.

—Eso está hecho, papá.

El padre le dio una patada a una lata y la coló dentro de una papelera. Soltó una carcajada y dijo:

—Esto no lo hace cualquiera, ¿eh? Ni yo tampoco, ha sido de chiripa.

Luego, añadió:

—Estuve en el norte buscando trabajo. No fue fácil. El asunto está complicado. Al fin, encontré algo bien pagado, aunque temporal. Sin embargo, me dio por pensar en que tal vez no fuera tan mala idea lo de la tienda. «La pondremos —me dije—, y si todo va bien y más adelante encuentro trabajo, volveré a ejercer de delineante». La sorpresa ha sido encontrarme abierta la tienda.

—Gracias a don Teófanes —aclaró Óscar—. Bueno, y a mis compañeros de clase.

—¿Ese maestro un poco chiflado?

Óscar sintió la necesidad de defender al maestro Ciruela, aunque reconoció que solo él, con sus comentarios burlones en casa, era culpable de que su padre lo calificara así.

—No está chiflado. Además, ha desaparecido. Debe de haberse enfadado o aburrido. Si no, no lo entiendo.

Su padre se detuvo y, con la mente puesta en otro lugar, dijo:

—Tal vez tenga familia en algún sitio y haya descubierto que la necesita.

—Por lo menos se podría haber despedido...

A la mañana siguiente, a don Onofre,

que se encontraba a la puerta de la escuela, los buenos días de Óscar le parecieron más alegres, más llenos de confianza que los de otros días. Pensó que algo debía de haber cambiado en su vida. Se hallaba sumido en estos pensamientos cuando un hombre vestido de oscuro y con corbata azul, flaco y serio, le preguntó:

—¿El director, por favor?

—Yo soy, ¿qué desea?

El hombre de oscuro lo miró a través de los gruesos cristales de sus gafas y respondió:

—Ocupar mi plaza de maestro.

Don Onofre lo miró con una expresión de sorpresa. Se acordó de la llegada del maestro Ciruela y no pudo disimular una risita juguetona que luchaba por escaparse a borbotones de sus labios.

—La única plaza libre que había en este centro fue ocupada por don

Teófanes Ciruela, que se encuentra ausente, pero que regresará en cualquier momento.

El hombre abrió una boca enorme, como si le faltara el aire o fuera a cantar ópera. Pero no lo hizo.

—Yo soy Teófanes Ciruela Notengo. Vea, vea —y le mostró el carné de identidad y un escrito con su nombramiento.

Don Onofre vio y revió los documentos, los leyó y volvió a leer. No le salían las palabras. Al fin, dijo:

—¿Quiere un chicle?

El recién llegado lo miró de arriba abajo, se apretó las gafas contra la nariz y volvió a mirarlo, tan cerca, que se le metieron en la nariz los pelos de la barba del director y lo hicieron estornudar.

—Yo no tomo chicle, señor mío. En vez de eso, me gustaría que me explicara qué significa eso de que yo ocupé mi plaza, cuando he estado varios meses enfermo en cama. Precisamente le escribí una carta, acompañada del correspondiente certificado médico, en la que le exponía que, por razones de enfermedad, no podría presentarme a principio de curso y le rogaba que buscara un sustituto hasta mi restablecimiento e incorporación.

Don Onofre se había quedado petrificado. No entendía nada. Aquella situación le parecía una pesadilla. Hasta tal punto, que se pellizcó un carrillo para convencerse de que estaba despierto.

El hombre de oscuro lo miraba como si hubiera encontrado a un loco en vez de al director.

«¿Qué pensarán los demás profesores cuando se enteren?», se decía don Onofre. «¿Y los niños de quinto? No, no puede ser cierto, es una alucinación. Sin embargo, este señor es don Teófanes Ciruela, no hay duda. ¿Quién era entonces aquel impostor excéntrico?».

Se sacudió la cabeza, tratando de alejar el barullo que había en su mente, y dijo:

—Acompáñeme a mi despacho e intentaré explicarle este asunto. Luego, lo llevaré a su clase.

Echó a andar, seguido del recién llegado, que portaba una cartera de tal tamaño, que más parecía la maleta de un excursionista al Polo Norte. De repente, don Onofre se volvió y le preguntó:

—¿Se sabe usted de carrerilla el nombre de las capitales de todos los países del mundo?

—Claro que sí —contestó muy ofendido el maestro.

—¿E imitar el canto del jilguero?

—No, por supuesto que no.

—Me lo temía.

9

Epílogo

Transcurrieron los años y aquellos niños de quinto fueron dejando cursos atrás, ascendiendo por una elevada montaña en cuya cúspide se hallaba la realización profesional. Algunos no llegaron a la cima, otros lo hicieron con brillantez.

César, a quien hubiera gustado ser pirata, terminó de capitán de marina mercante, que algo es algo, aunque ejerciera por la vía de la honradez. Víctor se hizo abogado y se dedicó a la política. Ahora es diputado de la oposición, y sólo sueña con que su partido gane las elecciones. Nati se despistó una vez más y en vez de ir a la universidad se fue al matrimonio. Yolanda es periodista y trabaja como corresponsal de guerra. Lucas puso una confitería: «El pirulí marchoso».

Mari Luz acabó de físico y, a lo mejor, cualquier día revoluciona las teorías sobre la electricidad. Luis montó un negocio de transportes urgentes: «Transportes Ciempiés», claro. Hugo es un famoso humorista. Josefina lleva todo el peso de la empresa de su familia; menos mal que siempre destacó por su fortaleza. Marcos, contra todo pronóstico, no ha llegado a banquero, pero trabaja en una caja de ahorros. Marga, por el contrario, sí es funcionaria; llevaba el destino marcado en el rostro. Sonia es una actriz de moda y siempre está dispuesta a ser centro en cualquier programa televisivo de cotilleo.

Óscar no se incorporó al próspero negocio de la tienda. De eso ya se ocupan sus padres y lo hacen muy bien. Prueba de ello es que en menos de un año devolvieron el dinero que lograron el maestro Ciruela y sus alumnos. Dinero que fue a parar al asilo de ancianos como quería don Teófanes.

Óscar tampoco se hizo delineante. Optó por ser maestro. Ahora es director de una escuela en un barrio de una lejana ciudad y se siente muy satisfecho. Precisamente, está ocupado en dar la bienvenida a los profesores, ya que se inicia un nuevo curso. Saluda a unos y otros con la misma alegría que, años atrás, lo hiciera don Onofre.

—¿Qué tal, Óscar? —pregunta un profesor veterano en el centro.

Así van llegando todos. Hasta que aparece el que debe de ser el último en incorporarse.

—Soy el nuevo maestro —le dice el recién llegado—. ¿De qué curso me ocuparé?

—Del que quiera, lo dejo a su elección —contesta Óscar sonriendo y con un brillo extraño en los ojos—, del que quiera.

—Entonces, me quedo con quinto.

Y con una sonrisa de complacencia, ve alejarse al nuevo maestro, con su paso de pingüino, sus pies abiertos, su chaqueta roja, sus pantalones blancos y cortos, bajo los que asoman unos calcetines desparejados, sus zapatos rojos, su bombín y su paraguas multicolor, de cuya empuñadura cuelga una jaula con un loro parlanchín, que grita:

—¿Quiere un chicle, quiere un chicle…?

ÍNDICE

TÍTULOS DE LA COLECCIÓN

1. El guardián de senderos
Concha López Narváez/Carmelo Salmerón

2. La casa de las cuatro chimeneas
Juana Aurora Mayoral

3. Cuando sea mayor
Alfredo Gómez Cerdá

4. Elecciones en Zoolandia
Antonio Manuel Fabregat

5. Un mago de cuidado
Mercé Viana

6. Viaje al país de los cocólitos
Josep Antoni Fluixà

7. Pepo y el delfín rosa
Isabel Córdoba

8. Chilam y los señores del mar
Carlos Villanes Cairo

9. Poli y la bruja majadera
Blanca García Valdecasas

10. Animal de compañía
Montserrat del Amo

11. El extraño Señor de las nubes
Carlos Murciano

12. El memoriápodo
Ana María Romero Yebra

13. Andres y Andrés
Concha López-Narváez

14. Jo, ¡qué fantasma!
Fernando Almena

15. La peseta de Birlibirloque
Lucía Baquedano

16. El enigma de la ciudad del metro
Juan Miguel Sánchez-Vigil

17. El sabio Cirilo
Mercé Viana

18. El canto de las alondras
Juana Aurora Mayoral

19. La masía encantada
Lola Herrero

20. Anadia, la ciudad sumergida
Josep Franco

21. Un brujo que embruja
Mercé Viana

22. La montaña del Cielo
Lola Herrero

23. El País de Arroz con Pasas
Josep Ballester

24. Vuelve el memoriápodo
Ana María Romero Yebra

25. Un reloj muy especial
Josep Antoni Fluixà

26. Un viaje fantástico
Juana Aurora Mayoral

27. Una caja llena de dientes
Teresa Broseta

28. El maestro Ciruela
Fernando Almena

29. Secretos de ida y vuelta
Enric Lluch

30. Los sueños de Khadim
Mercé Viana

31. El vampirillo sin dientes
Mercé Viana